Alexander Boerger

geb. 1983, hat seinen ersten großen Aufmerksamkeitshack schon mit 14 Jahren gemacht. Er hat damals mit einer gefakten Bravo-Website die Leser der Zeitschrift, die selbst noch keine Website hatte, abgegriffen. Sein erstes YouTube-Video hat er 2006 hochgeladen und weil das damals in den Augen der meisten eine ganz schöne Leistung war, durfte er ein paar Jahre später den YouTube-Kanal der ARD betreuen.

Er hat als Freiberufler unter anderem Videos für diverse Automarken, Schokoriegel, Telefonanbieter, Pharmariesen, Haarteile und Cryptowährungen gemacht. Der Versuch, zusammen mit einem Kunden die Wikipedia in 1000 Bänden auszudrucken, brachte ihm bisher die größte Reichweite. Dieser Clip hat es bis ins amerikanische Fernsehen geschafft. Alex darf Atomkraftwerke nicht mehr betreten, weil er ein Video über Hausbesetzer gemacht hat. Mittlerweile macht er Videos über Hausbesitzer für den YouTube-Kanal immocation.

Besonders stolz ist er, 2012 im Silicon Valley den Erfinder des #Hashtags kennengelernt zu haben.

Sein Lieblingsfernsehbier ist Veltins in den ersten beiden Wochen nach der Herstellung.

Aufmerksamkeitshacker
Du bist der Ball in ihrem Spiel

© 2022 Alex Boerger

Autorencoach: Markus Coenen (https://www.markus-coenen.de/)

Lektorat: Miriam Spies (https://www.miriam-spies.de/)

Verlagslabel: Aufmerksamkeitshacker

ISBN Softcover: 978-3-347-55590-7

Druck und Distribution im Auftrag des Autors:

tredition GmbH, Halenreie 40-44, 22359 Hamburg, Germany

Für Lela Mirabella

Du bist erst sechs Monate alt und schon meine kleine Aufmerksamkeitshackerin.

Einleitung   9

Das Aufmerksamkeitsspiel   11

1. Das Spielmaterial   15

    Der Hack   15
    Die Aufmerksamkeit   18

2. Grundregeln   21

    Regel 1: Der Mann im Fernsehen hat immer Recht   21
    Regel 2: Für Umwege gibt's keine Bonuspunkte   23
    Regel 3: Nicht das Fleisch mit den Knochen verwechseln   27
    Regel 4: Mehr Geld bedeutet nicht mehr Aufmerksamkeit   29
    Regel 5: Spiel in deinem eigenen Team   30
    Regel 6: Konzentriere dich auf die Grundlagen   34

3. Spielvorbereitung   37

    Ereigniskarte 1: Das ewig Gleiche   37
    Ereigniskarte 2: Das Informationszeitalter   40
    Ereigniskarte 3: Das Silicon-Valley   42
    Ereigniskarte 4: Die Kuratoren   46

4. Das Spielfeld (Kommunikation)   51

    Kommunikation für Einsteiger   51
    Kommunikation für Fortgeschrittene   52
    Drei alternative Spielstrategien   54
    Aufmerksamkeit erzeugt Realität   56
    Inhalt vs. Werbung   60
    Signale sammeln   64
    Trump Echolot   65
    Früher war alles gleich   66

5. Punktestand (Aufmerksamkeit als Kapital)   **71**

Zeitlimit   71
Fußballergehälter   72
Der Wert deiner Aufmerksamkeit   74
Tausche Geld gegen Aufmerksamkeit   75
Aufmerksamkeit speichern   76
Aufmerksamkeit in Geld wandeln   78
Aufmerksamkeit investieren   83
Mediale Halbwertszeit   83
Der Trumpeffekt (1-1=2)   87
Quantität vs. Qualität   89
Filter   90

6. Vom Ball zum Spieler werden   **93**

Zeit ist wertvoll   93
Schütze deine Zeit   95
Angriff aus der Mem-Fabrik   99
Kampf um deine Aufmerksamkeit (Die Mem-Kriege)   105
Vorsicht! Diese Meme stehlen deine Aufmerksamkeit   110
So kannst du dich gegen Meme wehren   115
Kuratiere dein Leben   116
Kuration für Fortgeschrittene   121
Mentale Hygiene   122
Kuratoren finden   126
Erschaffe deine eigene Realität   129

7. Abschließende Tipps   **133**

Achtsame Ignoranz   133
Lass andere gewinnen   135
Wie du durch Aufgeben gewinnst   138

Literaturverzeichnis   **142**

„Die bewusste und intelligente Manipulation der organisierten Gewohnheiten und Meinungen der Massen ist ein wichtiges Element in der demokratischen Gesellschaft. Diejenigen, die diesen unsichtbaren Mechanismus der Gesellschaft manipulieren, bilden eine unsichtbare Regierung, die die wahre Regierungsmacht unseres Landes ist."

Edward Bernays, Propaganda 1924

Einleitung

Auch wenn ich keine E-Zigaretten an Kinder verkauft habe, hatte ich doch manchmal ein schlechtes Gewissen weil ich Werbung gemacht habe. Bei **Werbung** geht es ja nicht einfach darum objektiv zu informieren. Es geht darum, Aufmerksamkeit zu erzeugen, Aufmerksamkeit zu lenken und dadurch das Selbstbild der Zuschauer zu verändern. Ähnlich wie Edward L. Bernays vor etwa 100 Jahren die Kenntnisse seines Onkels Sigmund Freud einsetzte um die Träume und Wünsche seiner Zielgruppen zu lenken, habe ich die **Grundlagen der Psychologie, Soziologie und Wahrnehmung** gelernt und konnte damit meine eigenen oder die Ziele meiner Kunden erreichen. Neue Erkenntnisse in der Wissenschaft brauchen bis zur Veröffentlichung meist viele Jahre und basieren zum größten Teil nur auf dem Verhalten von Psychologie-Studenten. In der Werbung können wir hingegen dank Facebook und Google innerhalb von zwei Stunden ein Experiment mit tausenden Teilnehmern machen und es kostet nicht mal zehn Euro.

Dabei habe ich versucht mein Karma halbwegs rein zu halten und offensichtlich schädliche Projekte abzulehnen.

Es passierte mir aber immer wieder, dass meine Faszination am Experiment über die Vorsicht siegte und sich das ein oder andere Projekt als nicht so einwandfrei wie anfangs gedacht herausstellte. Aber am Ende ist meine Moral auch vollkommen egal, denn ich bin nicht der Einzige, der mit deinen Emotionen und Trieben spielt, um deine Aufmerksamkeit auf sein Angebot und letztendlich dein Geld auf sein Konto zu lenken.

Ich habe dieses Buch geschrieben um dir die Chance zu geben, aus diesem Spiel (nein du bist kein Spieler, du bist der Ball) auszusteigen und das ohne dass du dich Jahre lang damit beschäftigen musst. Du musst keine Fachwörter und Modelle lernen. Das Buch richtet sich nicht an Intellektuelle, die können einfach die Bücher der Literaturliste am Ende des Buches bestellen, denn mit diesem Buch werden sie nicht glücklich. Ich mache mir nicht die Mühe Studien zu zitieren oder Exceltabellen abzudrucken. Da draußen, wo die echten Menschen leben, da geht es nur noch um die gefühlte Wahrheit. In diesem Buch findet ihr meine gefühlte Wahrheit, einen kleinen **Blick hinter die Kulissen** der Medien, aber das Wichtigste für dich: Die Rezepte, die ich selbst verwende, um mit diesen Wahrheiten klarzukommen. Die Hacks, die ich entwickelt habe, um meine eigene **Aufmerksamkeit zu schützen**.

Wenn du nach dem Lesen dieses Buches besser auf deine Aufmerksamkeit aufpassen kannst, dann habe ich alles richtig gemacht.

Das Aufmerksamkeitsspiel

Lieber Spieler,

schön, dass du dich für das Aufmerksamkeitsspiel entschieden hast. Oder lass es mich anders sagen: Schön, dass du dich dazu entschieden hast, das **Aufmerksamkeitsspiel** bewusst zu spielen. Denn Teil dieses Spiels bist du längst. Auch wenn du dir darüber bislang nicht im Klaren warst.

Aber was ist das eigentlich, das Aufmerksamkeitsspiel? Es ist eines der ältesten Spiele der Welt. Es ist älter als die Menschheit und wird in allen Kulturkreisen und auf allen Kontinenten gespielt. Es ist ein universelles Strategiespiel, das du an jedem Ort, zu jeder Zeit und in jedem Alter spielen kannst. Du kannst es unterbrechen, wieder neu einsteigen, oder komplett aussteigen. Würfel, Spielfiguren, ein Spielbrett, Karten oder ähnliches benötigst du dafür nicht.

Du kannst es mit anderen gemeinsam oder alleine spielen. **Aber Vorsicht: Es ist kein statisches Spiel. Abhängig**

von deinen eigenen Spielzügen verändert es sich. Sobald du die Grundlagen beherrschst, kannst du eigene Regeln hinzufügen. Auch die Höhe deines Einsatzes legst du selbst fest. Obwohl es Gegner gibt, spielst du es nicht gegen andere, sondern für dich. Es geht auch nicht darum, als einziger Gewinner daraus hervorzugehen.

Aber kommen wir erst mal **zur Spielvorbereitung**: Bevor du loslegst, solltest du dir die Zeit nehmen, diese Spielanleitung sehr gründlich zu lesen. Manche Regeln werden für dich relevanter sein, manche weniger. Auch das musst du für dich selbst festlegen oder du findest es im Laufe des Spiels raus. Bei den Hilfsmitteln sind deiner Fantasie keinerlei Grenzen gesetzt. Dazu dann aber mehr in den entsprechenden Kapiteln. **Schummeln ist übrigens erlaubt** – auch dir selbst gegenüber – es bringt dich in diesem Spiel allerdings nicht weiter.

Ziel des Spiels ist es, vom passiven zum aktiven Teilnehmer zu werden – und das auch zu bleiben. Das mag vielleicht einfach klingen. **Aber unterschätze nicht deine Gegner, die alles daran setzen, dich in die passive Rolle zurückzudrängen.** Das Spiel endet nämlich nicht in dem Moment, in dem du die aktive Rolle eingenommen hast. Anschließend gilt es, sie zu verteidigen. Damit dir das gelingt, gebe ich dir in dieser Spielanleitung ein paar strategische Tipps, mit denen dir das gelingen kann.

Was du hier in Händen hältst, ist das Starter Kit. Du brauchst also keinerlei Vorwissen. Um dir die Möglichkeit zu geben, tiefer einzutauchen, habe ich dir eine Literatur-Liste zusammengestellt mit Anleitungen für die Pro-Edition – die findest du am Ende des Buches.

Und damit du den Überblick nicht verlierst, findest du auf **aufmerksamkeitshacker.de/bonus** einen Spickzettel, auf dem du die wichtigsten Regeln noch einmal zusammengefasst findest.

Viel Spaß wünscht dir

dein Alex Boerger

„*Kontrolle kann manchmal eine Illusion sein.*

Aber manchmal braucht man Illusionen um Kontrolle zu erhalten."

Elliot Alderson, Mr Robot, 2016

Kapitel 1

Das Spielmaterial

Der Hack

Ein wichtiges Tool im Aufmerksamkeitsspiel ist der Hack. Darum ist es grundlegend zu verstehen, was genau eigentlich ein Hack ist und wie er funktioniert. Vielleicht fangen wir mit einem kleinen Experiment an. Bereit? Gut, dann schließe deine Augen und stell dir einen Hacker vor. Lass mich raten: Dein Hacker saß mit einem Kapuzenpulli und vielleicht sogar einer Sonnenbrille in einem fensterlosen Raum vor einem Computer. Nur: Ein Hacker sieht so nicht aus. Ein Hack allerdings schon.

Der Hack hierbei findet nicht am Computer statt, sondern in deinem Kopf. **Über Jahre hinweg verknüpft dein Gehirn Wörter mit bestimmten Bildern, Vorstellungen oder Emotionen.** Die müssen nicht an eigene Erfahrungen gekoppelt sein. Es genügt, wenn du sie von anderen übernimmst. Wenn ich also „Hacker" sage, greift dein Hirn binnen Millisekunden auf ein erlerntes Bild zurück und schließt damit eine Lücke. Und zwar die Lücke, die entsteht, wenn man nur einen Text hat, aber ein Bild sehen will.

Wie unsinnig diese Verbindung von Wort und Bild sein kann, verdeutlicht das Beispiel mit dem Hacker ganz gut. Denn was möchte der Hacker tun? Er möchte seine Identität schützen. Und vor wem schützt er sie? Nein, er wird nicht beobachtet. Die einzige Möglichkeit ihn zu beobachten wäre, sich in seine Webcam einzuhacken. Wie man das verhindern kann, weiß jeder Hacker: Man klebt einfach die Kamera ab. Dafür muss man sich keine Sonnenbrille aufsetzen, dafür braucht man keinen Kapuzenpullover.

Lass es mich noch einmal anders erklären. Viele Hacker haben was mit Computern zu tun. Sie wollen Systeme verstehen. Aber es muss nicht immer ein Computer-System sein. Hacker basteln einfach gern. **Hacker finden heraus, wie Dinge und Systeme funktionieren und wie man sie für etwas nutzen kann, wofür sie eigentlich nicht gedacht waren.**

Es geht also nicht darum, etwas Illegales zu tun. Aber das ein oder andere Mal wird etwas Illegales getan. Eben weil man sich nicht dafür interessiert, was Gesetze sagen oder was Vorschriften, Spielregeln oder auch die Packungsbeilage von einem erwarten, sondern weil man sich dafür interessiert, **was möglich ist, was funktioniert**. Im Vordergrund steht die Frage: „Was passiert, wenn ich auf diesen Knopf drücke?"

In letzter Zeit hat sich der Begriff des Hackers gewandelt. Es geht nicht mehr nur um technische Geräte und Systeme. Gehackt wird auch in ganz anderen Bereichen. Ein Beispiel sind die Bio-Hacker. Die versuchen herauszufinden, wie der eigene Körper auf bestimmte Substanzen oder auch auf bestimmte Arten von Bewegungen reagiert. Also: Wie kann man mit wenig Aufwand möglichst viel aus sich selbst herausholen?

Aber auch viele Künstler sind im Grunde genommen Hacker. Sie nehmen altbekannte Materialien, verwenden sie in einem eigentlich nicht dafür vorgesehenen Kontext, machen also etwas Neues damit und lösen beim Zuschauer damit etwas aus.

Manche dieser Künstler beherrschen ihr Handwerk so gut, dass sie genau wissen, was sie tun müssen, um eine bestimmte Reaktion hervorzurufen. Das sind Aufmerksamkeitshacker. Aber nicht nur Künstler wissen wie sie Aufmerksamkeit erzeugen und lenken können. Viele Menschen in der Public Relation, also der Öffentlichkeitsarbeit, und in den Medien wissen ganz genau, welche Knöpfe sie drücken müssen, um damit bestimmte Reaktionen auszulösen.

All diese Hacker haben eins gemeinsam: Sie schauen sich ganz genau an, aus welchen Elementen ein System besteht. Sie schauen sich an, wie die Originalregeln dafür gedacht sind. Vor allem schauen sie aber, wie sie Fehler in diesen Regeln oder in diesem System finden können und wie sich diese Fehler ausnutzen lassen. Dabei spielt es keine Rolle, ob es um Computercodes geht, die Biologie im Körper oder am Ende um soziale Codes. All diese Codes kann man hacken, um schneller an sein Ziel zu kommen. Und je besser du diese Hacks verstehst und erkennst, um so schneller kommst du voran im Aufmerksamkeitsspiel.

Die Aufmerksamkeit

Du wirst es dir schon gedacht haben: Eine zweite wesentliche Komponente dieses Spiels ist die **Aufmerksamkeit**. Was Aufmerksamkeit ist, weiß jeder. Welche zentrale Rolle sie spielt, wird oft unterschätzt. Darum möchte ich deinen Fokus kurz darauf richten, um dich dafür zu sensibilisieren, was für eine wichtige Spielkarte die Aufmerksamkeit ist. Lass mich kurz ins Englische abtauchen. „Drug" hat dort zwei Bedeutungen: Zum einen kann man es mit „Droge" übersetzen, zum anderen aber mit „Medizin". Und wie so oft macht alleine die Dosierung den Unterschied zwischen diesen beiden völlig unterschiedlichen Wirkungsmechanismen. Das im Hinterkopf, möchte ich dir ein paar Beispiele geben, anhand derer du verstehen wirst, was das mit unserer Aufmerksamkeit zu tun hat.

Auf der einen Seite: **Aufmerksamkeit ist überlebensnotwendig**. Das belegt ein trauriges Experiment aus dem 13. Jahrhundert.

Stauferkönig Friedrich II. wollte angeblich herausfinden, welche Sprache Kinder von Natur aus sprechen. Dazu sollen sie direkt nach der Geburt von ihren Müttern isoliert und an Ammen übergeben worden sein. Die fütterten sie, wuschen und wickelten sie – ohne dabei mit ihnen zu reden oder ihnen in irgendeiner Weise Zärtlichkeiten oder Aufmerksamkeit zukommen zu lassen. Die Konsequenz war, dass die Kinder starben. **Todesursache: Mangel an Beachtung.** Jeder von uns braucht Aufmerksamkeit von seinem Umfeld. Wenn Kinder zu wenig davon bekommen, dann fangen sie ganz automatisch an, sie sich zu erkämpfen. Sie fangen an, mit allen ihnen zur Verfügung stehenden Mitteln auf sich aufmerksam zu machen, selbst wenn es negative Konsequenzen für sie hat. Aber das gilt nicht nur für Kinder: Jeder, der schon mal meine Erkältung hatte, weiß wie wichtig es ist, dass man eine leckere Suppe isst. Dabei geht es im Kern nicht um die Suppe, sondern darum, dass sich jemand um einen kümmert. Die Aufmerksamkeit anderer hilft beim Gesundwerden.

Auf der anderen Seite: **Zu viel Aufmerksamkeit, also Berühmtheit, kann einem zu Kopf steigen.** Es ist ähnlich wie mit zu viel Alkohol oder zu vielen Drogen. Man verfällt in eine Art Rauschzustand. Man glaubt, man sei unverwundbar und überwirft sich mit seiner Umwelt. Viele scheitern an diesem Rausch. Und um die Metapher noch mal aufzunehmen: Manche Menschen haben sehr viel Angst vor dem Kontrollverlust. Bei Drogen würde man sagen, sie sind abstinent. Wenn es um Aufmerksamkeit geht, versuchen sie einfach möglichst gar nicht aufzufallen, um zu vermeiden, dass sie in eine Art Rauschzustand kommen, um zu vermeiden, dass Dinge, die mit Aufmerksamkeit verbunden sind, dazu führen, dass etwas passiert, was sie nicht mehr kontrollieren können.

Kapitel 2

Grundregeln

Regel 1: Der Mann im Fernsehen hat immer Recht

Damit diese Spielanleitung hier nicht zu theoretisch wird und vor allem für dich nachvollziehbar bleibt, habe ich mir gedacht, dass ich dich an meinem ganz persönlichen Zugang zu diesem Spiel teilhaben lasse. Wann, durch wen oder was und auf welche Art ich die Regeln gelernt habe – und immer noch lerne – ist vielleicht aufschlussreicher, interessanter und nachvollziehbarer, als dir hier völlig abstrakt ein hoch komplexes Regelwerk vorzukauen.

Als kleiner Junge war ich fasziniert von Formel-1-Rennen. Mein größter Held war Michael Schumacher und ich habe wirklich jede Information, die ich zu diesem Sport kriegen konnte, aufgesogen. Ich kannte alle Regeln, alle Neuerungen und wusste auch sonst alles, was man überhaupt nur über Formel 1 wissen konnte.

Vielleicht sollte ich noch erwähnen, dass meine Kindheit ein wenig anders verlaufen ist, als die vieler anderer: Ich bin in einer Kneipe im Sauerland aufgewachsen. Und wenn Formel 1-Rennen lief, habe ich das nicht etwa alleine in einem Wohn- und meinem Kinderzimmer geschaut. Nein, ich habe die Rennen zusammen mit vielen Erwachsenen auf einem Fernseher in der Kneipe meiner Eltern verfolgt.

An einem dieser Sonntage kann ich mich besonders gut erinnern, weil ich an besagtem Sonntag in einer Kneipe im Sauerland zwei grundlegende Spielregeln begriffen habe, die weit über Formel 1 hinausgingen. In dieser Saison waren ein paar Regeln geändert worden. Und natürlich wusste ich ganz genau darüber Bescheid. Es dauerte auch nicht lange, bis einer der Fahrer gegen eine dieser neuen Regeln verstieß. Mir war völlig klar, was das zur Folge haben würde: Eine Disqualifikation des Fahrers. Florian König oder Jochen Maas, wer auch immer der beiden Moderatoren an jenem Sonntag moderierte, hatte die neuen Regeln aber offensichtlich noch nicht auf dem Schirm und darum auch keine Ahnung, dass dieser Fahrer gleich raus sein würde. Die Erwachsenen, die sich vorab nicht mal mit den neuen Regeln auseinandergesetzt hatten, entschieden sich einstimmig dafür, lieber dem RTL-Moderator als mir zu glauben. Und was passierte am Ende? Genau. Der Fahrer wurde disqualifiziert. Und der Moderator konnte nur schlecht verbergen, dass er den Grund dafür nicht kannte. Vor der anschließenden Zusammenfassung wurde er offensichtlich von der Redaktion aufgeklärt und tat nun plötzlich so, als sei ihm das die ganze Zeit über sonnenklar gewesen.

An diesem Sonntag habe ich zwei sehr wichtige Dinge verstanden. Das Erste war: **Realität kann man formen.** Denn niemand kann sich daran erinnern, dass der Moderator in dem entsprechenden Moment gar nicht verstand, was vor sich ging. Durch die Zusammenfassung wurde er als unangefochtener Experte bestätigt. Und das Zweite war: **Erwachsene glauben einfach alles, was sie im Fernsehen sehen.**

Das hat mich fasziniert. In diesem Moment habe ich eine Entscheidung getroffen: Ich wollte zum Fernsehen. Ich konnte es damals natürlich noch nicht so differenziert begründen wie heute. Aber ich dachte mir: Wenn ich erst mal beim Fernsehen bin, werde ich endlich ernst genommen. Das würde mich im Aufmerksamkeitsspiel auf einen Schlag mehrere Level nach oben katapultieren.

Regel 2: Für Umwege gibt's keine Bonuspunkte

Entsprechend habe ich schon in der Schule Videos gemacht. Ich habe mit PowerPoint-Präsentationen gearbeitet. Ich habe Zeitungen gemacht. Ich habe alles gemacht, was mit Medien zu tun hatte. Die logische Konsequenz war, dass ich im Anschluss daran Mediendesign studiert habe. In dem Studiengang konnte ich mich relativ gut behaupten. Vor allem gab es auch da ein paar sehr wichtige Bonuslevel, deren Zugang nicht viele Studenten entdeckten.

Lass mich dir von einem davon erzählen. Im zweiten Semester haben wir mit viel Aufwand einen Kurzfilm gemacht. Und als dieser Film dann am Ende des Semesters vor allen Kommilitonen und Professoren präsentiert wurde, habe ich nur eins gesehen: die ganzen kleinen Fehler in dem Film – die außer mir scheinbar niemand bemerkt hat. Das Zweite, das mir bei diesem Screening klar geworden ist: Ich muss nicht auf den Film gucken. **Meinen Film kenne ich schon. Ich muss gucken, wie das Publikum reagiert.** Seitdem habe ich mich bei Filmpräsentationen immer mit dem Rücken zur Leinwand gesetzt, damit ich die Zuschauer sehen konnte.. Und ich musste leider feststellen, dass nicht nur meine Filme, sondern auch die meisten anderen todlangweilig waren.

Das Ganze war 2004, also noch bevor es YouTube gab. Die Produktionsmittel, Kamera und Laptop, mit dem man schneiden konnte, waren damals noch etwas Besonderes. Das hatte nicht jeder zu Hause. Nicht jeder konnte Videos drehen. Und selbst für die, die es konnten, war es ein Mordsaufwand. Die Aufmerksamkeit der Zuschauer zu messen war entsprechend kompliziert. Eine Möglichkeit war es eben, das Publikum zu beobachten. Das habe ich relativ häufig getan. Auf diese Weise habe ich sowohl bei meinen eigenen als auch bei den Filmen anderer herausgefunden, welche Dinge funktionieren und welche nicht. Das war sehr aufschlussreich. Allerdings gab es eine unausgesprochene Spielregel, die eine relative Unschärfe in diese Beobachtung brachte: So gut wie niemand traute sich im Kinosaal aufzustehen und zu gehen. Selbst wenn ein Film total langweilig war, blieb das Publikum sitzen. Aus sozialer Verpflichtung. Denn das wäre einer Bloßstellung aller am Film Beteiligten gleichgekommen. Außerdem hätte man sich durch die Reihen zwängen müssen, sodass jeder im Raum mitbekommen hätte, dass man sich den Film nicht zu Ende ansieht. **Das änderte sich mit YouTube.** Plötzlich saß nämlich niemand mehr neben einem. In so einer Situation sind Menschen viel, viel ehrlicher. Man drückt einfach auf einen Knopf und schon ist man raus, statt sich bis zum Ende durchzuquälen. Und das ganz ohne sozialen Druck.

Aber zurück zu meinem Plan, den ich auch während meines Studiums nicht aus den Augen verloren hatte. Ich wollte ja nicht studieren, ich wollte zum Fernsehen. Und das möglichst schnell. Wenn man sich bei Filmproduktionen bewirbt, dann reicht man dort ein Demo-Reel ein. Das ist ein kurzes Video, das die besten Ausschnitte aus den eigenen Filmen enthält. Damit zeigt man, was man schon gemacht hat. Der typische Ablauf ist: Man studiert acht Semester. In jedem Semester macht man mit viel, viel Aufwand einen zehnminütigen Kurzfilm, sucht aus jedem davon die besten 30 Sekunden raus – manchmal sind es auch nur zehn – und schneidet sie hintereinander, um zu zeigen, was man kann, was man schon alles gemacht hat und bewirbt sich dann damit bei den Filmproduktionen. Weil ich aber keine acht Semester warten wollte, habe ich bereits im 3. Semester mein Demo-Reel fertiggestellt. Jetzt fragst du dich sicher, wie das gehen soll. Nein, ich habe nicht acht Kurzfilme in zwei Semestern gedreht.

Auch da habe ich **vorher ganz genau das Publikum analysiert.** Die Zuschauer solcher Filme wollen in der Regel nur eins wissen: Beherrscht die Person ihr Handwerk, macht sie einen guten Job? Also habe ich mir die Demo-Reels von den erfolgreichen Menschen angeschaut, die schon lange im Geschäft sind. Die meisten davon haben bereits sehr viele Projekte gemacht und entsprechend tolle Ausschnitte aus diesen Filmen. Kann man so machen. Ich habe mir aber gedacht: Warum soll ich denn so aufwendige, zeitintensive Projekte machen, wenn ich am Ende doch nur die besten Ausschnitte zeige? **Warum produziere ich nicht einfach nur diese kleinen Sequenzen?**

Also habe ich mich ein Semester lang hingesetzt und habe, statt einen zehnminütigen Kurzfilm zu produzieren, einfach direkt nur die jeweils 10, 20 oder 30 Sekunden produziert, die ich am Ende brauchte, um jemanden zu beeindrucken. Das langte völlig um zu zeigen, was ich handwerklich drauf hatte. Und weil ich genau verstanden hatte, was mein Publikum sehen wollte, hat dieser Hack hervorragend funktioniert. Innerhalb von einem Semester hatte ich genug Material zusammen, um bessere Job zu kriegen als die meisten anderen nach ihrem Studium. Das ging ,weil ich eben den ganzen Quatsch drumherum weggelassen und mich einfach nur auf das konzentriert habe, was das Publikum von mir erwartet hat. **Oftmals muss man ein Level eben nicht komplett durchspielen, um ins nächste zu kommen. Viel hilfreicher ist es, sich auf die Aktionen zu konzentrieren, die die meisten Punkte geben.**

Regel 3: Nicht das Fleisch mit den Knochen verwechseln

Nachdem ich also relativ schnell meinen Einstieg in die Filmbranche geschafft hatte und sogar dafür bezahlt wurde, ist mir aufgefallen, **dass man für Filme, also die eigentlichen Inhalte, viel weniger Geld bekommt, als für deren Unterbrechung, also die Werbung.** Oft war es sogar so, dass ein kleiner 30-sekündiger Werbespot dasselbe Budget hatte wie ein neunzigminütiger Spielfilm oder eine Dokumentation. Nur: Warum ist das eigentlich so? Die Frage habe ich nicht nur mir gestellt, sondern auch vielen Leuten, die in der Branche arbeiten. Die Antwort war genauso einfach wie erschütternd: **Das, was zwischen der Werbung läuft, ist nur Füllmaterial.** Eigentlich ist das total logisch. Die Firmen bezahlen unglaubliches Geld dafür, dass ihre Werbung läuft. Und dass möglichst viele Leute diese Werbung sehen. Die Sender wiederum sind aus ökonomischer Sicht natürlich daran interessiert, mit möglichst wenig

Geld möglichst viel Aufmerksamkeit zu generieren und diese Aufmerksamkeit dann möglichst teuer zu verkaufen. Den Anbietern oder Käufern von dieser Aufmerksamkeit ist es vollkommen egal, was zwischen der Werbung läuft. Da geht es ausschließlich um die Aufmerksamkeit für ein Produkt. Was die Leute sonst gucken, spielt keine Rolle. Im Idealfall lenkt es nicht zu sehr von der Werbung ab.

Habe ich eigentlich schon erwähnt, dass man sehr vorsichtig sein muss, wenn man Medien konsumiert? Das hat damit zu tun, dass die meisten, die dort arbeiten, genau dieses Problem kennen, ohne dass sie es jemals bewusst reflektiert haben. Das führt dazu, dass sie als zynische Menschen enden, weil sie diesem Widerspruch nicht entrinnen können. Sie wollen gerne Kunst machen. Sie wollen gerne ein Meisterwerk kreieren. Aber am Ende ist es so: Niemand interessiert sich dafür. Zumindest nicht von denjenigen, die für das Programm bezahlen, also diejenigen, die die Entscheidungen treffen.

Und falls du darüber nachdenken solltest, Werbung zu schalten: Vorsicht! Die meisten, die Werbespots produzieren, sind eigentlich Künstler. Die suchen keine Kunden. Die suchen einen Mäzen. Die suchen jemanden, der Geld dafür ausgibt, dass sie ihre Ideen umsetzen dürfen. Denn der künstlerische Rahmen, in dem Projekte gefördert werden, die einfach nur da sind, um schön zu sein, existiert in Deutschland so gut wie gar nicht. Der ist von ein paar Wenigen, die die Hand auf den Töpfen der Filmförderung haben, dominiert. Allen anderen bleibt der Zugriff auf dieses Budget verwehrt. In Sachen Aufmerksamkeit ist die Filmbranche für die meisten Kreativen also eine Sackgasse.

Regel 4: Mehr Geld bedeutet nicht mehr Aufmerksamkeit

Noch bevor ich mein Diplom in der Tasche hatte, war ich ziemlich gut in der Werbebranche etabliert. Unter anderem für Mercedes-Benz durfte ich an einem Werbefilm mitarbeiten, der mal mindestens eine Viertelmillion Euro gekostet hat. Es gab Parkour-Sportler, also Menschen, die Purzelbäume über Autos schlagen und einem tollen Dreh in Barcelona. Das Ziel: Autos verkaufen. Und zur selben Zeit habe ich für einen gemeinnützigen Verein, in dessen Vorstand ich war, Videos produziert. Mit dem Ziel, Leute auf Partys zu locken. Da war das Budget ein bisschen kleiner. Ich glaube, es waren so um die zehn Euro für drei Sixpacks Bier. Am Ende sind beide Videos auf YouTube gelandet. Klar, das Video von Mercedes war nicht nur auf YouTube zu sehen, sondern fand sich auch auf anderen Plattformen wie der Firmenwebsite. Das Video von der Party aber, das wurde nur auf YouTube verbreitet.

Und als ich mir dann nach ein paar Monaten angeguckt habe, wie viele Leute sich die beiden Videos angeguckt haben, kam mir eine ganz wichtige Erkenntnis: Das Mercedes-Video hatten etwa 50 bis 60 Menschen gesehen. Ich hatte es bei mir in Skype gepostet, ich hatte es meinen Freunden gezeigt. Wahrscheinlich kannten mich sogar die meisten, die dieses Video gesehen haben. Freiwillig guckt sich das also keiner an. Das Party-Video hatte in derselben Zeit schon ein paar tausend Views gesammelt (die auf etwa 20.000 Views ansteigen sollten). Das fand ich dann doch erstaunlich. Und es warf neue Fragen für mich auf: **Wie sieht eigentlich die Zukunft der Werbung aus, wenn man die Leute nicht mehr dazu zwingen kann, sie anzugucken?** Hat die Werbung überhaupt noch Zukunft? Und: Sollten wir uns nicht überlegen nur noch das zu produzieren, was die Leute auch interessiert?

Regel 5: Spiel in deinem eigenen Team

2008 war für mich ein richtig krasses Jahr. Riesen Erfolge. Ich meine, wer schafft es schon, vor Ende seines Studiums Projekte für Mercedes-Benz zu machen? Aber ein anderes Ereignis sollte diesen Erfolg überschatten. Mein Vater hatte Lungenkrebs. Und an einem seiner letzten Tage, als ich ihn im Krankenhaus besucht habe, hatte ich natürlich das Video von Mercedes dabei, um zu zeigen: Hey, ich habe es geschafft! Damals war mir das nicht so klar, aber **ich wollte eigentlich nur einen Satz hören: „Alexander, ich bin stolz auf dich! Du machst es gut!"** Aber genau diesen Satz habe ich natürlich nicht zu hören bekommen. Das hat mich frustriert. Ziemlich lange sogar. Nicht nur frustriert. Ich war sauer. Zumindest ein bisschen.

Es hat Jahre gedauert, bis ich das richtig verarbeitet hatte. Irgendwann hat mir meine Cousine, die oft bei uns im Restaurant gearbeitet hat, erzählt, dass mein Vater andauernd in der Kneipe damit angegeben hat, was ich doch alles mache. Warum hat er das nie gesagt? Warum hat er mir das nie gesagt? Ich war damals 25, aber irgendwie war ich dann doch wieder der kleine Junge. Und das hat mir eins verdeutlicht: **Anders als mit dem Rauchen kannst du mit dem Aufmerksamkeitsspiel nicht einfach anfangen oder aufhören.** In dem Moment unserer Geburt werden wir automatisch zu Teilnehmern dieses Spiels. Und selbst wenn Eltern das nicht immer reflektieren: Sie sind es, die uns in den ersten Leveln die Aufmerksamkeitschips zustecken oder aus der Tasche ziehen und damit unser Verhalten moderieren. Denn Aufmerksamkeit ist das Einzige, was Kleinkindern wirklich wichtig ist. Darum entwickeln wir Menschen ab dem ersten Atemzug Strategien, um an möglichst viel des begehrten Elixiers zu kommen. Und so wird jeder von uns Teil des Wettbewerbs um Aufmerksamkeit.

Über den oben schon erwähnten Verein kannte ich einige, die deutlich älter waren als ich. Dort hatte ich mich mit einem 60-Jährigen unterhalten, dessen Vater, der dann wohl über 80 war, zu einer ähnlichen Zeit gestorben war. Mir fiel auf, dass es in Bezug auf das Thema keine großen Unterschiede zwischen uns gab. **Es ist egal, ob du 25 oder 60 bist. Du bist und bleibst ein kleines Kind, solange deine**

Eltern leben. Ich weiß nicht, ob das bei Frauen auch so ist. Zumindest ist es wahrscheinlich bei fast allen Männern so. Es hat einige Zeit gedauert, bis ich das wirklich reflektiert hatte. Wie verrückt war das, dass ich ihn noch bis zum letzten Moment beeindrucken wollte? Aber es war nicht nur das Beeindrucken. Es war auch das Gegenteil davon. Natürlich will man seine Eltern, oder, vor allem als Junge, seinen Vater nicht enttäuschen.

Wer bis hier gelesen hat, der kann sich wahrscheinlich denken, dass ich durchaus die eine oder andere Provokation und den einen oder anderen Skandal verursacht habe. Und dabei habe ich mir immer dieselbe Frage gestellt: Was wird wohl mein Vater dazu sagen? Wie ist wohl seine Reaktion, falls er davon erfährt? Na ja, von den meisten Sachen hat er nichts mitbekommen. Aber selbst nach seinem Tod hat es noch mehrere Jahre gedauert, bis ich nicht mehr drüber nachgedacht habe, was er wohl darüber denken würde. Nicht nur im Negativen, also wenn ich mal wieder einen Skandal verursacht habe, sprich: Wenn ich ein mediales Ereignis mit der Absicht inszeniert habe, das darüber berichtet wird. Sondern auch im Positiven. Die Frage, ob er jetzt wohl stolz auf mich wäre oder nicht war für mich noch lange nach seinem Tod eine zentrale Frage. Erst als mir das wirklich vollkommen egal war, weil ich endlich verinnerlicht hatte, dass da gar keine Reaktion mehr kommen kann, habe ich gemerkt, dass ich frei bin. Ich kann im Grunde genommen tun und lassen, was ich will. Der einzige Maßstab, den ich habe, bin ich selbst.

Und ein Maßstab, den ich mir selbst gesetzt habe, war, sehr, sehr vorsichtig zu sein, wenn es um Werbung geht. Schließlich hatte ich auch schon in klassischen Werbeagenturen gearbeitet. Und eine Idee, die ich bei einer Bewerbung für solche Agenturen mit in meine Mappe getan hatte, wurde ohne mein Wissen umgesetzt. Es war ein Werbeplakat für Lucky Strikes. Man wird älter, man wird schlauer, und man merkt, dass diese Handlungen Konsequenzen haben. Klar, niemand fängt wegen so einer Werbung an zu rauchen. Aber was die Werbung macht, ist Folgendes: **Zigarettenwerbung hängt nicht zufällig an Bushaltestellen. Sie hängt da, um die Leute daran zu erinnern: „Jetzt könnte ich doch mal wieder eine Kippe rauchen."** Es geht also nicht darum, neue Raucher zu gewinnen, sondern darum, Leute, die mit dem Rauchen aufhören wollen, davon abzuhalten. Und: oh! Zufälligerweise gibt's auf der anderen Straßenseite auch noch einen Zigarettenautomaten. **Es geht darum – jetzt kommen wir zu einem der wichtigsten Wörter in der Werbung – einen Trigger zu setzen, um ein Verhalten auszulösen.** Und: Nein, ich wusste nicht, was ich da tue. Ich dachte einfach es wäre cool, wenn ich in dieser Agentur arbeite, zu der alle wollen. Und: Ja, ich habe mitgespielt und habe Trigger gesetzt.

Es wird wohl niemanden überraschend, dass es mich in eine größere Krise gestürzt, als ich dieses Prinzip verstanden habe. Ich hatte danach einfach keine Lust mehr, Werbung zu machen. Aber was konnte ich mit dem Handwerkszeug, das ich mir drauf geschafft hatte, stattdessen machen?

Regel 6: Konzentriere dich auf die Grundlagen

Ich bin ganz offen, bei meinen ersten Jobs beim Film hatte ich noch keine Ahnung, was ich tue. Viel von dem, was ich konnte, habe ich nicht im Studium gelernt, sondern aus Online-Kursen von FXPHD. So hieß die Seite. Die Buchstaben FX stehen für Effekte. Und PHD für Doktor. Diese Kurse haben mich pro Quartal 300 $ gekostet. Aber dafür habe ich dort jede Menge Dinge gelernt. Die neuesten Effekte aus der Apple-Werbung zum Beispiel. Und die habe ich nicht von irgendjemandem gelernt, sondern von demjenigen, der sie entwickelt hat. Ich habe dort nicht nur die Software-Bedienung gelernt, sondern auch die Grundlagen. Also zum Beispiel wie man das Grün, das hinter den Schauspielern zu sehen ist, durch einen Hintergrund ersetzt, aber auch wie und warum das technisch funktioniert. Ich war am Ende in der Lage, mir meine eigene Software zu schreiben, die das dann kann.

Die Kurse bei FXPHD waren von den weltbesten Leuten, von solchen, die Hollywood-Effekte gemacht haben. Und weil ich die Grundlagen konnte, konnte ich mich in kürzester Zeit in eine neue Software einarbeiten. Es war ja nicht so, dass ich jedes Mal etwas komplett Neues lernen musste. Ich musste einfach nur herausfinden, wo die Knöpfe in der jeweiligen Software waren. Diese Erfahrung war für mich ein echtes Erweckungserlebnis. **Das „Richtige" zu lernen bringt einen viel weiter, als viel zu lernen.** Seitdem habe ich mir gedacht: Studieren ist echt Zeitverschwendung. Man braucht einfach viel zu lange, um zum selben Ergebnis zu kommen. Beziehungsweise: Man braucht deutlich länger, um danach deutlich weniger zu wissen.

Bei FXPHD hingegen habe ich wie gesagt nicht nur die Grundlagen gelernt, die es mir ermöglicht haben, unabhängig von der Software Ergebnisse zu erzielen, sondern auch die jeweilige Software. Aber die Software war natürlich nach zwei, drei Jahren veraltet und wurde durch bessere Software abgelöst. Sprich: Die Zeit, die ich in eine spezielle Software reingesteckt habe, war nicht so gut investiert wie die Zeit, die ich in die Grundlagen gesteckt habe. Das hat dazu geführt, dass ich mir gedacht habe: Hey, ich möchte noch einen Schritt weiter zurück. Ich möchte nicht nur die Grundlagen von Film-Effekten verstehen, sondern ich möchte die Grundlagen von Kommunikation verstehen. Ich möchte verstehen, was Menschen antreibt. Ich möchte verstehen, wie Kommunikation funktioniert. Ich möchte verstehen, was dem Ganzen zugrunde liegt. Was sind die Prinzipien, die schon seit zehntausend Jahren für die Menschheit dieselben sind? Die Halbwertzeit für dieses Wissen ist sehr gering, weil sich daran über die Jahrhunderte hinweg kaum etwas geändert hat. **Das Grundverhalten der Menschen ist noch genauso wie vor tausenden von Jahren.** Diese Erkenntnis war für mich ein Quantensprung.

Videos, Tutorials und Vorträge waren für mich eine gigantische Fundgrube an Wissen. Aber es gab noch eine andere Quelle, die ich dir nicht verschweigen möchte. Einen Großteil meines Wissen über die Grundlagen des menschlichen Handelns zog ich aus Büchern. Mit deren Hilfe kann man sich innerhalb weniger Stunden oder Tage das Wissen aneignen, für das man ohne sie 20, 30 oder 50 Jahre brauchen würde. Ein weiterer Aspekt ist: Man muss nicht alle Fehler selbst machen, um daraus klug zu werden. Durch das Lesen von Büchern erspart man sich die Fehler, die andere bereits gemacht haben. Leider lese ich nur sehr langsam, aber zum Glück gibt es ja Hörbücher. Das lässt sich auch auf Hörbücher und Podcasts anwenden: Die lassen sich in doppelter Geschwindigkeit hören, ohne dass einem dabei wesentliche Informationen entgehen.

Kapitel 3

Spielvorbereitung

Ereigniskarte 1: Das ewig Gleiche

Irgendwann hatte ich mein Diplom in der Tasche und war bestens qualifiziert für eine Karriere in einem Fernsehsender. Nur: Da wollte ich mittlerweile gar nicht mehr hin. **Fernsehen ist tot, es lebe Social Media.** Aus dem Grund bin ich schließlich zur ARD gegangen, um dort den YouTube-Kanal zu betreuen. Das schien mir ein guter Kompromiss. Auch wenn es sich dabei nur um einen Aushilfsjob gehandelt hat, fand ich das sehr spannend. Zufälligerweise habe ich genau 20 Jahre nach dem Mauerfall dort angefangen. Meine Aufgabe bestand darin, Beiträge zu dem Thema hochzuladen und zu verschlagworten. Darunter waren immer die Tagesschau vom aktuellen Tag und die Tagesschau von vor 20 Jahren.

Nach drei Wochen ist mir etwas ganz Entscheidendes klar geworden: Der einzige Unterschied waren die Frisuren. Politiker waren vor 20 Jahren korrupt. Politiker sind heute korrupt. Unternehmer haben vor 20 Jahren Scheiße gebaut. Unternehmer bauen heute Scheiße. Das Wetter vor 20 Jahren: Es regnet. Das Wetter heute: Es regnet. Vor 20 Jahren: Bayern spielt gegen Dortmund. Und heute spielt Bayern immer noch gegen Dortmund. Selbst wenige Tage, bevor die Mauer gefallen ist, konnte niemand ahnen, was da am 9. November passieren würde. Das war mir in dem Ausmaß vorher nicht klar gewesen. Während meiner Zeit bei der ARD habe ich begriffen: **Diejenigen, die regelmäßig Nachrichten gucken, haben nahezu keinen Wissensvorsprung gegenüber denen, die Nachrichten komplett ignorieren.**

Als die Mauer fiel, war ich sechs Jahre alt. Ich durfte mir damals jeden Tag ein oder zwei Sendungen im Fernsehen anschauen. An dem Tag wollte ich „Ferdy, die Ameise" oder „Die Biene Maja" oder etwas in der Art gucken. Das kam aber nicht. Auf allen drei Sendern lief dasselbe: Der Mauerfall. (Liebe nach 1990 Geborene. Damals gab es noch kein Internet und man konnte nur durch drei verschiedene Livestreams zappen. Es gab sogar eine ausgedruckte Übersicht der Kapitelmarken dieser Livestreams: die sogenannte Fernsehzeitung.) Ich war so frustriert, so sauer. Selbst für mich als Sechsjährigen, der wirklich alles gegeben hatte, dieses Ereignis zu ignorieren, war genau das völlig unmöglich. Ob man will oder nicht: **Die großen Ereignisse bekommt man mit.** Man hat gar keine Chance, daran vorbeizukommen. Und alles andere ist

Schall und Rauch. Es hat keine Bedeutung. Nicht in dem Moment und auch nicht später. Ist das Leben von jemandem, der vor 20 Jahren regelmäßig Nachrichten geschaut hat, anders verlaufen als das Leben von jemandem, der sie konsequent ignoriert hat? Hat derjenige, der Nachrichten geschaut hat, dem anderen gegenüber irgendwelche nennenswerten Vorteile? Wohl kaum.

Es wird einem nur vorgegaukelt, dass es wichtig ist, immer über alles informiert zu sein. Für was genau das wichtig sein soll, sagt einem aber niemand. Und warum? Weil es nämlich nicht wichtig ist. **Man muss nicht so viele Nachrichten gucken. Es erspart einem sogar jede Menge unnötige Aufregung**, wenn man sie nicht schaut. Die meisten Themen, die heute hochgekocht werden, sind morgen schon wieder vergessen oder von neuen Paniknachrichten überschattet. Das ist aus der Perspektive der Medien total logisch. Sie müssen die Meldung so hochkochen, um ein Maximum unserer Aufmerksamkeit dafür zu bekommen. Das beste Beispiel dafür ist die Bild-Zeitung. Die Auflagenhöhe würde garantiert augenblicklich einbrechen, wenn man in den Artikeln eingestehen würde, dass alles halb so wild ist, statt alles zur Katastrophe, zur Sensation zu stilisieren.

Ein weiterer Aspekt ist das starre zeitliche Korsett, in dem Nachrichten stattfinden. **Die Tagesschau dauert einfach immer fünfzehn Minuten. Selbst wenn an einem Tag nicht viel passiert ist,** muss diese Zeit irgendwie gefüllt werden. Notfalls werden eben Themen aufgeblasen, die an anderen Tagen nicht mal erwähnt werden würden. Und an Tagen, an denen viel passiert, werden Themen teilweise so zurecht gekürzt, dass man kaum eine Chance hat zu verstehen, worum es eigentlich geht. Oft entstehen tagesaktuelle Nachrichten auch unter so großem Zeitdruck, dass die Macher selbst nur zwei bis drei Quellen dazu querlesen können. Mögliche andere Perspektiven auf das Thema werden einfach ausgeblendet. Das Credo lautet häufig: Lieber unter den Ersten sein, die es melden, als zu einem Zeitpunkt, an dem das Thema längst durch ist, fundierter darüber zu berichten. Mein persönliches Fazit aus meiner Zeit bei der ARD war jedenfalls, meine Aufmerksamkeit nie wieder an Nachrichten zu verschwenden. Und ich kann wirklich nicht behaupten, dass mir seitdem etwas fehlt.

Ereigniskarte 2: Das Informationszeitalter

Nach meiner Zeit bei der ARD dominierte ein Ereignis den Arbeitsmarkt, das ich auch ohne Nachrichten mitbekam: Die Wirtschaftskrise 2008. Davon abgesehen hatte ich mich ja aber sowieso dazu entschlossen, dem Fernsehen und der Werbung den Rücken zuzukehren. Die sozialen Netzwerke, Facebook, Twitter und YouTube, fand ich ohnehin viel spannender. Insofern war es eine logische Konsequenz, Social-Media-Berater zu werden. Zumal es davon noch nicht wirklich viele gab. Ich war einer der ersten auf dem Gebiet. Genau das war aber auch das Problem. Viele hatten die Trendwende noch gar nicht richtig realisiert und wollten von kostenloser Reichweite auf YouTube und Facebook nichts wissen. Wobei, das muss ich vielleicht etwas differenzierter aufdröseln. **Mein ursprünglicher Ansatz war es, den Leuten zu erklären, wie genau diese neuen Medien funktionieren. Hilfe zur Selbsthilfe sozusagen. Das hat aber leider niemanden interessiert.**

Zum Glück gab es aber das ein oder andere Unternehmen, das schon auf Social Media setzte. So konnte ich zum Beispiel bei monster.de im Bereich der Personalgewinnung Erfahrungen sammeln. Oder bei den Samwer-Brüdern (die dafür bekannt sind, Geschäftsmodelle aus den USA zu kopieren) in der Firma Groupon – damals noch CityDeal. Bei beiden Jobs habe ich viel über Aufmerksamkeit als Währung gelernt. **Ich habe gemerkt, dass meine Kunden nicht wissen wollen wie die sozialen Medien funktionieren, sondern wie sie durch Social Media mehr Aufmerksamkeit und eine größere Reichweite bekommen.**

Das hat mich noch mal in der Annahme bestätigt, dass Aufmerksamkeit ein äußerst begehrtes Wirtschaftsgut ist. Mein Youtube-Kanal ging förmlich durch die Decke (mit 1000 Abos). Das klingt nach wenig, wenn man aber im Netz zum Beispiel nach „YouTube SEO" gesucht hat, war ich über Jahre hinweg auf Platz eins. Das hat mir so viele Kunden gebracht, dass ich davon bis heute leben kann.

Wobei auch hier nochmal eine Anpassung des Geschäftsmodells nötig war. Meine Kunden wollten nicht lernen, wie
sie Reichweite aufbauen. Sie wollten Reichweite, schnelle
Erfolge und sichtbare Resultate. **Sie wollten nicht, dass ich
ihnen das Geheimnis verrate, wie man Feuer macht. Sie
wollten, dass ich vorbeikomme und ihnen eins anzünde.**

Da ich aber nach wie vor viel davon halte, Wissen wei-
terzugeben, habe ich regelmäßig Vorträge gehalten. Unter
anderem für eine lokale Zeitung. Über diese Einladung
habe ich mich sehr gefreut. Denen habe ich nämlich bei
der Gelegenheit direkt mal erklärt, dass sie im Arsch sind
und ihren Laden im Grunde dicht machen können. Denn
im Social-Media-Zeitalter braucht kein Mensch mehr Zeitungen. Ich hatte im Vorfeld schon einkalkuliert, dass man
mich höflichkeitshalber ausreden lassen und dann vor die
Tür setzen würde. Aber das Gegenteil war der Fall. Man
hörte mir nicht nur aufmerksam zu und fragte interessiert
nach, nein, man sponserte mir sogar eine Reise in die USA.
Dort sollte ich der Frage nachgehen, wie die Zeitung der
Zukunft aussieht. Also packte ich meine Koffer und machte
mich auf Richtung Silicon Valley. Das war 2012.

Ereigniskarte 3: Das Silicon-Valley

Es war natürlich großartig, dass ich ins Silicon Valley rei-
sen durfte. Mir war klar, dass meine Neugier dort voll auf
ihre Kosten kommen würde. Aber: Jetzt musste ich auch
liefern. Mein Arbeitstitel war naheliegend und darum

auch schnell gefunden: „**From Gutenberg to Zuckerberg**", also von der Wiege des Buchdrucks zur Wiege der sozialen Medien. Zu der Zeit lebte ich in Mainz, wo Gutenberg eben diesen Buchdruck erfunden hatte. Und auch die Lokalzeitung hatte dort ihren Sitz. Den Bogen von Gutenberg zu Zuckerberg zu spannen, erschien mir logisch, weil beide Pioniere ihrer Zeit waren, die die Medienlandschaft maßgeblich beeinflusst und verändert haben. Aber sie haben nicht nur die Medienlandschaft umgekrempelt. Man muss sich mal vor Augen halten, welche Folgen ihre Ideen für die Kommunikation und damit für die gesamte Gesellschaft, aber auch für jeden Einzelnen hatten.

Und das ist ja eine Frage, die mich schon seit meinem Studium beschäftigt hat: Wie verändern neue Technologien unsere Gesellschaft? Gutenberg und Zuckerberg waren dafür zwei Paradebeispiele. Denn schauen wir mal zurück: **Vor Gutenberg war die gesprochene Sprache noch das wichtigste – und meist auch das einzige – Medium.** Nur ganz wenige Menschen konnten schreiben und lesen. Das waren überwiegend Geistliche. Außerdem war es total aufwändig, Texte zu vervielfältigen. Die wurden meist von Hand abgeschrieben. Kann man sich ja vorstellen, wie lange das gedauert hat. Es gab also nur sehr wenige Texte und die waren auch noch extrem teuer. Das konnte sich kaum jemand leisten.

Durch Gutenbergs Erfindung des Buchdrucks mit beweglichen Lettern war es plötzlich möglich, Bücher in re-

lativ kurzer Zeit kostengünstig in großer Auflage zu vervielfältigen. Aber nicht nur Bücher: Fortan konnte man Informationen auf Flugblättern und in Zeitungen drucken und massenhaft unters Volk bringen. Neuigkeiten mussten also nicht mehr von Mensch zu Mensch, also in einer One-to-One-Kommunikation, weitergegeben, sondern konnten von einem Sender an sehr viele Empfänger zeitgleich verbreitet werden. Zum einen beschleunigte das die Kommunikation ungemein. Zum anderen wurde sie nicht mehr bei der Weitergabe von einem zum nächsten verfälscht.

Die Verbreitung der Ideen Luthers wäre ohne den Buchdruck undenkbar gewesen. Gutenbergs Erfindung war aber auch eine wesentliche Grundlage für die Demokratisierung der Gesellschaft. Denn dadurch war es möglich, Gesetzestexte, Verordnungen und Beschlüsse zu drucken und unters Volk zu bringen. Das Aufkommen von Zeitungen als Massenmedien trieb die Demokratie weiter voran, vergrößerte aber auch den Weltausschnitt der Menschen: Man wusste plötzlich nicht mehr nur, was in der eigenen Straße, im eigenen Dorf los war. Dass das Aufkommen des Internets mit all seinen Blüten wie Facebook und Co. ähnlich grundlegende Veränderungen für uns bedeutete, muss vermutlich nicht weiter ausgeführt werden.

Ich war also nicht nur mit der Frage „Wie sieht die Zukunft der Zeitungen aus?" ins Silicon Valley gereist. Der andere Aspekt, die Zukunft der Demokratie und der Gesellschaft, war für mich persönlich viel spannender. Wie werden wir in Zukunft Entscheidungen treffen? Was bedeutet es, wenn Briefe durch das viel schnellere Medium der E-Mail abgelöst werden? Welche Auswirkungen hat es, wenn plötzlich jeder eine unglaubliche Reichweite hat und seine Ideen oder Meinungen flächendeckend verbreiten kann? Was bedeutet es, wenn nicht nur ein paar Medien die Hand auf der Massenkommunikation haben, sondern sich jeder daran beteiligen kann? Welche Relevanz haben die klassischen Medien dann überhaupt noch?

Leider konnte mir das im Silicon Valley auch keiner beantworten. Ich war etwas enttäuscht, dass sich die Menschen dort nicht mal Gedanken darüber gemacht hatten. Trotzdem habe ich mich mit sehr vielen darüber unterhalten. Eine wichtige Erkenntnis habe ich dabei mitgenommen: **Die Rolle der großen Player wird es in Zukunft nicht mehr sein, Inhalte zu produzieren. Sie kuratieren die Inhalte.** Das haben Zeitungen bislang natürlich auch schon gemacht, indem sie entschieden haben, was Relevanz hat und gedruckt wird und was eben nicht. Bei der Fülle von Informationen, die die Demokratisierung der Kommunikation durch das Internet nach sich gezogen hat, wäre das auch schier unmöglich. Die neuen Medienkuratoren haben Systeme und Algorithmen entwickelt, die diese Kuration für sie übernehmen. Aber dazu mehr in der nächsten Ereigniskarte.

Ereigniskarte 4: Die Kuratoren

Schauen wir uns doch erst mal an, wie der redaktionelle Prozess früher, also vor dem Internet, ablief. Da gab es drei wesentliche Kriterien. Die erste Frage war: Welche Headline bringt wohl die größte Reichweite? Vor allem bei dem Aufmacher auf der Titelseite. **Denn eine gute Headline oder eine gute Story verkauft einfach mehr Auflage.** Die Bild-Zeitung, die sich mehr am Kiosk als über Abonnements verkauft, basiert fast vollkommen auf dieser Frage. Die zweite Frage war: **Welche Nachrichten sind denn relevant?** Je mehr Abonnenten eine Zeitung hatte, desto mehr konnte sie sich um diesen Aspekt kümmern. Und die dritte Frage war natürlich: Was passt zu unserer Agenda? Manche Nachrichten waren zwar relevant, hätten auch durchaus Reichweite gebracht, passten aber vielleicht nicht in das Meinungsbild der Zeitung oder das Meinungsbild der Leser. Das war dann der Todesstoß für diese Nachricht. Nur die Meldungen, die nach diesem Auswahlverfahren noch übrig waren, wurden dann auch tatsächlich geschrieben und abgedruckt.

Bei Facebook und Google ist der Prozess ein grundlegend anderer. Dort werden keine Nachrichten produziert. Dort werden Nachrichten gesammelt und in variierender Auswahl den Nutzern vorgeschlagen. Im nächsten Schritt wird beobachtet, wer wie auf welche Artikel reagiert. Ein Algorithmus berechnet aufgrund der Auswertung dieses Nutzerverhaltens, welche Inhalte mit hoher Wahrscheinlichkeit das größte Interesse haben werden und platziert sie entsprechend. Da Google und Facebook durch die Anzahl ihrer Nutzer mittlerweile eine höhere Relevanz als Zeitungen oder Zeitschriften haben, haben sich viele Menschen darauf spezialisiert, Nachrichten für deren Algorithmen zu optimieren, um den Leserkontakt zu erhöhen. Dazu gehört, dass man zum einen die sozialen Faktoren versteht. Also: Wie reagieren Menschen auf bestimmte Nachrichten. Zum anderen muss man aber auch die technischen Faktoren verstehen. Facebook zum Beispiel bevorzugt Videos, die direkt auf deren Plattform hochgeladen werden. Und bei Google spielt es eine große Rolle, die richtigen Keywords zu verwenden, also die Keywords, die zu den Suchanfragen der Nutzer passen. Interessanterweise haben sich diese Entwicklungen auch auf die klassischen Medien und die Printmedien ausgewirkt, die zunehmend versuchen, die digitalen Prozesse zu imitieren. Buzzfeed wurde dadurch berühmt, dass sie zu jeder Nachricht mehr als 25 Überschriften geschrieben haben. Und dann wurde getestet, welche dieser Überschriften die größte Reichweite erzielten. Erst danach wurde die Nachricht wirklich veröffentlicht.

Um das Kapitel der medialen Veränderung abzuschließen, fasse ich nochmal zusammen: Es gibt also drei wichtige Aspekte bei der Veränderung der Medienlandschaft durch die Sozialen Medien. Erstens hat sich dieser Wandel auf die gesellschaftlichen Verhältnisse ausgewirkt. Natürlich ist Gesellschaft immer im Wandel. Aber die Veränderungen, die der mediale Paradigmenwechsel mit sich gebracht hat, sind einschneidender und tiefgreifender als viele Veränderungen zuvor. Da passiert gerade etwas ganz Großes.

Zweitens steckt ganz viel Mathematik hinter den Geschäftsmodellen der großen Player. Man muss ja beachten: Die größten Unternehmen sind Informationsunternehmen. Selbst Amazon ist darauf spezialisiert, Informationen zu Produkten aufzubereiten, mit Kundenstimmen zu versehen und diese dann möglichst optimal auszuliefern.

Der dritte Aspekt ist der persönliche Umgang mit der eigenen Aufmerksamkeit. Sie zu schützen und zu verteidigen ist das Ziel dieses Spiels. Damit dir das ohne großes Federlassen gelingt, habe ich dir ein paar der Taktiken deiner Spielgegner offengelegt. Ihr Ziel in diesem Spiel ist es nämlich, möglichst viel deiner Aufmerksamkeit abzugreifen. Die Aufgabe all der Programmierer und Aufmerksamkeitssozialingenieure oder wie auch immer man sie in Zukunft nennen wird, ist es, dich dazu zu bringen, mehr Zeit vor dem Computer oder dem Handy zu verbringen und so viel Aufmerksamkeit wie möglich an sie abzutreten. Darum ist es wichtig, dass du dir klar darüber wirst, dass es deine Zeit ist, nicht ihre. Nur du alleine kannst entscheiden, wem du wie viel Aufmerksamkeit schenkst. Und nur du kannst den Aufmerksamkeitsvampiren einen Riegel vorschieben. Es ist deine Entscheidung.

Es liegt in deiner Hand. Ich sage nicht, dass es einfach ist. Vielleicht ist es ein bisschen wie mit dem Rauchen: Je bewusster du dir bei jedem Zug machst, wie es sich in deinem Mund und deiner Lungen anfühlt, umso leichter ist es, damit aufzuhören. Es geht also darum, Automatismen und Gewohnheiten, durch konsequentes Hinterfragen zu durchbrechen. Deshalb geht es im letzten und wichtigsten Kapitel darum, wie du dich, deine Aufmerksamkeit und deine Lebenszeit vor Menschen wie mir schützen kannst.

„Die Zukunft, die das Internet präsentiert, ist die Massenamateurisierung des Publizierens und ein Wechsel von «Warum sollten wir das veröffentlichen?» zu «Warum nicht?»"

Clay Shirky, Here Comes Everybody, 2008

Kapitel 4

Das Spielfeld (Kommunikation)

Kommunikation für Einsteiger

Wer die heutige Medienlandschaft verstehen will, muss in die Vergangenheit schauen. Und zwar nicht nur ein paar Jahre, sondern sagen wir mal so 1.000.000 Jahre zurück. In die Anfangszeit der Menschheit und der Sprache.

Als die Menschen lernten, das Feuer zu beherrschen, brach für sie ein neues Zeitalter an. Das Feuer schütze sie vor wilden Tieren. Es wärmte sie in kalten Nächten. Es ermöglichte ihnen, Fleisch länger haltbar zu machen. Aber es erfüllte auch eine wichtige soziale Funktion. **Abends am Feuer, bei und nach dem Essen, erzählte man sich Geschichten. Das war der Weg, Informationen zu verbreiten, Erfahrungen auszutauschen, Erlebtes zu teilen. Durch das gegenseitige Zuhören haben die Menschen Neues gelernt,** sie haben sich weiterentwickelt, sie haben die Gemeinschaft gestärkt und Zusammenhalt geschaffen.

Seitdem hat sich viel geändert: Aus Nomaden wurden Sesshafte, aus Höhlen wurden Hütten, aus Hütten wurden Häuser, der Gang wurde aufrechter, das Fell weniger. Nur eins hat sich über die Jahrtausende gehalten: Die Tradition des Geschichtenerzählens am Feuer. Lange bevor man abends zusammensaß um zu lesen, Radio zu hören oder gar Fernsehen zu schauen, saß man am Lagerfeuer oder später dann am Ofen oder am Kamin zusammen, um sich Geschichten zu erzählen. Und streng genommen sind das Buch, das Radio und der Fernseher nur eine Weiterentwicklung des Geschichtenerzählens mit anderen Mitteln.

So gesehen sitzen wir heute immer noch am Lagerfeuer. Nur dass das Feuer nicht mehr warm und rot und knisternd ist und wir alle gemeinsam dort sitzen. Heute hat jeder sein eigenes kleines Feuer in Form eines Bildschirms. Da quatschen und tratschen wir, erzählen uns Geschichten oder schicken uns Videos, Fotos und Selfies.

Bücher und Zeitungen waren damals nur deshalb so erfolgreich, weil man dadurch Informationen auf sehr großen Strecken und von einer Person zu ganz vielen Personen transportieren konnte. Aber eigentlich waren es nur Krücken.

Kommunikation für Fortgeschrittene

Bücher und Zeitungen waren natürlich auch so eine Art Lagerfeuer, ein Ort, an dem Informationen und Geschichten von einem zum anderen weitergegeben wurden. Obwohl, richtiger wäre es zu sagen: Ein Ort, an dem Informationen und Geschichten von einem an viele andere weitergegeben wurden. Das war schon ein großer Fortschritt zu davor. Trotzdem waren es nur Übergangsmedien, behelfsmäßige Kommunikationskrücken auf dem Weg ins Informationszeitalter. Denn obwohl ich vorhin eine Lobrede auf das Medium Buch gehalten habe: Bücher sind nicht der optimale Weg zu lernen. Denn Bücher sind nicht der natürliche Weg zu lernen. **Menschen eignen sich von Natur aus Fähigkeiten an, indem sie andere beobachten und imitieren.** Das kann man gut bei Säuglingen und Kindern beobachten. Und zwar nicht nur bei Menschenkindern, sondern auch bei Tierkindern. Grund dafür sind die sogenannten Spiegelneuronen. Sie sind dafür verantwortlich, dass wir beim Beobachten von anderen unwillkürlich deren Aktivitätsmuster spiegeln, also nachahmen. Wenn uns also jemand anlächelt, können wir gar nicht anders, als zurückzulächeln. Uneinig ist sich die Wissenschaft darüber, ob durch sie nicht nur Gesten, sondern auch Emotionen unseres Gegenübers nachempfunden werden, ob sie also in wesentlichen Teilen für unsere Empathie zuständig sind.

Fest steht: Durch das Imitieren anderer lernen wir nicht nur bestimmte Handlungsabläufe und eignen uns Informationen an, auch soziale Normen werden so von Generation zu Generation weitergegeben. Auch wenn das kein bewusster Vorgang ist, beobachten wir unaufhörlich, was Menschen tun und wie andere darauf reagieren. Wenn die Reaktionen auf eine Handlung positiv sind, wissen wir intuitiv: Ah! Das Verhalten sollten wir kopieren! Sind die Reaktionen negativ, wissen wir, dass wir das so auf keinen Fall übernehmen sollten. Insofern hat auch das eher verpönte Lästern eine wichtige soziale Funktion: Auch dabei werden Normen beziehungsweise der Verstoß gegen allgemein anerkannte Normen transportiert. Durch Lästern stimmen wir untereinander ab, welches Verhalten akzeptabel ist und welches nicht.

Drei alternative Spielstrategien

Kommen wir zurück zum Lagerfeuer. Da hat man seine Erlebnisse und Erfahrungen nur mit einem sehr begrenzten Kreis von Menschen geteilt. Wenn es hochkam, saß man mit vielleicht zehn anderen am Lagerfeuer. Das heißt **die Reichweite von den meisten Menschen war relativ gering.** Und die Zeit, bis sich diese Reichweite signifikant vergrößerte, war lang. **Selbst als es statt kleiner Stämme große Königreiche gab, haben deren Herrscher nur sehr, sehr selten zu mehr als hundert Menschen gleichzeitig gesprochen.**

An dieser Stelle möchte ich zwischen drei verschiedenen Kommunikationsmodellen unterscheiden. Das über lange Zeit gängigste Modell ist die direkte Kommunikation. Dabei redet man von **One-to-One-Kommunikation.**

Also: zwei Menschen unterhalten sich. Im besten Fall ist das ein Austausch. Der Informationsfluss funktioniert also in beide Richtungen. Dann gibt es noch die **One-to-Many-Kommunikation.** **Also einer redet und viele hören zu.** Die gab es auch schon immer. Allerdings ist die Zahl der Zuhörer in den letzten Jahrhunderten extrem gewachsen, was vor allem an den neu aufgekommenen technologischen Kommunikationsmöglichkeiten liegt. Ein Meilenstein der einseitigen Massenkommunikation war zum Beispiel das Radio. **Selbst Privatpersonen mit durchschnittlich vielen Facebookfreunden erreichen heute so viele Menschen mit ihren Posts, wie früher nur ein König.** 1000 Menschen zu erreichen ist gar nicht so schwer. Das muss man sich mal vorstellen! 1000 Menschen! Das ist eine Konzerthalle! Das machen sich viele gar nicht bewusst, wenn sie ihre Posts absetzen. Andere erreichen sogar 10.000 – und finden das viel zu wenig. Dabei ist das ein kleines Fußballstadion voller Zuhörer. Das Reichweitenpotential von Facebook ist also enorm. Aber oft sind für uns Views oder Likes einfach nur Zahlen, die es zu erhöhen gilt. Wir vergessen viel zu schnell, dass dahinter Menschen stehen, die sich Zeit nehmen, um sich unsere Inhalte anzuschauen. Es ist beeindruckend, wie viel One-to-Many-Kommunikationen im Alltag von jedem von uns stattfindet.

Das dritte Modell, du ahnst es schon, ist **Many-to-Many-Kommunikation. Das heißt, wenn zum Beispiel jemand auf Facebook etwas schreibt, kann es von jedem, der** es liest, kommentiert werden. Und jeder, der diesen Beitrag sieht, sieht auch wieder den Kommentar. Da finden also Diskussion von vielen mit vielen statt. Und anders als an einem Ort, wo alle durcheinander schreien, läuft das bei Social Media einigermaßen geordnet ab. Zumindest, wenn die diskutierende Gruppe nicht zu groß ist.

Die Frage, auf die ich selbst keine Antwort habe, ist nur: Wie wird sich diese Many-to-Many-Kommunikation in Zukunft auswirken? Wer kuratiert dieses verbale Durcheinander? Und welche Macht bekommt die Person, die für uns diese Diskussionen kuratieren darf? Denn klar, die Beiträge, die hervorgehoben werden, die bekommen natürlich auch wieder mehr Reichweite. Niemand kann sich bei einer Diskussion mit so vielen Teilnehmern alles von jedem anhören. Das ist völlig unmöglich. Meine Vermutung ist, dass diese Form von Kommunikation auch die nächste Ebene von Politik dominieren wird. **Der Kurator der Many-to-Many-Kommunikation hat in Zukunft die größte Macht**, weil er die Diskussion führt. Das ist auch ein Grund, warum Facebook so stark in der Kritik steht. Aber wie gesagt: Ich habe keine Ahnung, wie es in dem Bereich weitergehen wird. Falls du irgendwelche Ideen oder Utopien dazu haben solltest: Immer her damit.

Aufmerksamkeit erzeugt Realität

Dass Aufmerksamkeit Realität erzeugt, ist eigentlich nichts Neues. Ein gutes Beispiel dafür sind Trends und

Moden. Wenn Prominente, Fußballer, Schauspieler oder neuerdings Influencer einen bestimmten Stil haben oder bestimmte Marken tragen, dann dauert es meist nicht lange, bis dieser Stil kopiert wird. Darum lässt man als Unternehmen ja auch meist bekannte Menschen für das eigene Produkt werben. Wie der Kaffee schmeckt, ist eigentlich egal. Dass George Clooney für ihn wirbt, ist das viel wichtigere Kaufargument. Und ob die Klamotten, die Pink, Heidi Klum oder Moritz Bleibtreu tragen, auch bequem oder gut verarbeitet sind, spielt eine untergeordnete Rolle.

Ein weiteres Beispiel hat Edward Bernays geschaffen. Er hat nicht nur den Begriff PR, also Public Relations erfunden, sondern er ist auch der Erfinder des amerikanischen Frühstücks. In den Anfängen von Hollywood arbeitete er für einen Fleischfabrikanten. Seine Idee war genauso einfach wie genial: Er bezahlte die Filmproduzenten dafür, dass Schauspieler in ihren Filmen Eier und Speck gefrühstückt haben. Die Folgen sind bekannt. Unzählige amerikanische Familien haben diese Filme gesehen und sich gedacht: „Ach! Bei uns in der Provinz frühstückt man ganz anders. Aber wer was auf sich hält, frühstückt scheinbar Eier und Speck. Wir machen jetzt wie all die berühmten Schauspieler und frühstücken auch Eier und Speck." In Wirklichkeit hatte niemand vorher Eier und Speck gefrühstückt. Nicht mal Schauspieler. Das war eine reine Erfindung von Hollywood, oder besser gesagt von Edward Bernays. Seitdem allerdings ist es das amerikanische Frühstück schlechthin.

Solche manipulativen Realitäten werden auch beim sogenannten Insiderhandel erzeugt. Nicht zu Unrecht gilt diese Vorgehensweise als Straftatbestand – vor allem, wenn man die Informationen selbst erzeugt und sich vorher schön mit den Aktien der entsprechenden Unternehmen eingedeckt oder auf den Untergang des Unternehmens gesetzt hat. Klar, das ist verboten. Aber es verdeutlicht ziemlich gut, wie Aufmerksamkeit auf eine bestimmte Information Realität schaffen kann. Es ist egal, was real mit der Firma passiert. Die Nachricht darüber, dass es der Firma gut oder schlecht geht, verändert den Aktienkurs. Und das führt wiederum dazu, dass es der Firma gut oder schlecht geht.

Auf die Spitze getrieben haben es 2017 und 2021 die Crypto-Insider. Da gab es richtige Gruppen, in denen vorher beliebige Coins zu Schleuderpreisen gekauft wurden. Danach haben alle gleichzeitig darüber geredet, wie dieser Coin durch die Decke gehen wird. Und während dann die dumme Masse angefangen hat zu kaufen, haben die Insider die Nachfrage gestillt, also zu teils horrenden Preisen verkauft. Pump and dump, also aufblasen und wegwerfen nennt man dieses Prinzip im Finanzsektor.

Auf individueller Ebene spricht man vom Rosenthal-Effekt. Auch hierzu ein Beispiel: In einem Experiment wurde einfach behauptet, dass bestimmte Schüler besonders schlau sind. Daraufhin wurden sie von den Lehrern, die nicht in das Experiment eingeweiht waren, anders behandelt. Mit welcher Folge? Richtig, dass sie tatsächlich schlauer wurden, weil sie mehr Aufmerksamkeit bekommen haben.

Ein letztes Beispiel, wie Aufmerksamkeit Realität erzeugt, will ich noch anführen. Tennis war ein Sport, für den sich in Deutschland niemand interessierte, und den schon gar keiner spielte. Bis Boris Becker kam. Boris Becker war ein so herausragender Tennisspieler, dass plötzlich alle diesen Sport kannten. Kinder wollten plötzlich Tennis lernen, Paare gingen Tennis spielen und Tennisplätze schossen wie Pilze aus dem Boden, um der exorbitanten Nachfrage gerecht zu werden. Die Aufmerksamkeit, die der Sport durch Boris Becker bekommen hat, hat eine riesige Nachfrage erzeugt. Erst dadurch entstanden weitere kleine Stars auf dem Platz, die wiederum für ein noch breiteres Interesse an dem Ballsport sorgten. Der umgekehrte Schritt funktioniert natürlich genauso: Je weniger richtig erfolgreiche Spieler es gab, desto weniger Menschen interessierten sich dafür, bis Tennis schließlich wieder in der Mottenkiste verschwand.

Man sieht also: Alleine dadurch, dass ein Thema Aufmerksamkeit bekommt, können reale Dinge entstehen. Das Beste daran ist, du kannst diesen Effekt ganz gezielt für dich nutzen. Wie das geht, findest du in einem der nächsten Kapitel.

Inhalt vs. Werbung

Kommen wir zu einer wichtigen Unterscheidung. Früher gab es mal Inhalte. Und es gab Werbung. Bei Zeitungen zum Beispiel. Personell hat das bedeutet: Es gab die einen, die sich um die Artikel gekümmert haben. Das waren die Redakteure. Und es gab die anderen, die sich um die Werbung gekümmert haben. Das waren die Anzeigenverkäufer. Die einstmals so klaren Grenzen dazwischen verschwammen aber zunehmend, als die Mischform des Advertorials in Mode kam. Falls dir der Begriff nichts sagen sollte: Von einem Advertorial spricht man, wenn Werbung redaktionell aufbereitet wird, sprich, wenn Werbung den Anschein erwecken soll, es handele sich dabei um einen redaktionellen Artikel. Was die Vermischung der beiden Formen außerdem begünstigt hat war der Umstand, dass Zeitungsredakteure ziemlich schlecht bezahlt wurden und die Verlockung groß war, sich das schmale Gehalt auf anderem Wege aufzubessern. Das öffnete der Korruption Tür und Tor. Für PR-Agenturen war es plötzlich ein Leichtes, ihre Produkte zu platzieren.

Rein redaktionelle Inhalte gibt es heute so gut wie gar nicht mehr. Und wenn, dann sind sie meist von irgendwelchen PR-Beratern vorgesteuert. Selbst wenn das diejenigen, die sie verfassen, teilweise noch gar nicht gemerkt haben. Als es diese Trennung noch gab, lief das Ganze so: Eine Zeitung bestand aus einem Gerüst aus Werbung. Und der Raum dazwischen wurde mit Inhalten gefüllt.

Mit den Anzeigen wurden die Blätter finanziert. Keine Anzeigen: Keine Inhalte. Klar, wo da die Priorität liegt. Heute ist es so, dass selbst die Inhalte nur noch aus Werbung bestehen. Das beste Beispiel ist vermutlich Instagram. Das ist ein reiner Werbekanal. Und damit meine ich jetzt nicht die geschalteten Anzeigen. Damit meine ich auch die Posts der Privatpersonen. Da werden die Zwischenräume der Werbung also nicht mit Inhalten, sondern mit Werbung aufgefüllt.

Werbung ist also zum Inhalt geworden. Das offensichtlichste Beispiel dafür: Die sogenannten Influencer. Um noch mal ein Bild aus dem Tierreich zu bemühen: Was die Influencer im Internet sind, sind im Tierreich die Äffchen mit den dicksten Hintern. Beide machen nichts als Werbung. Auch Facebook oder Instgram ist von Advertorials nicht verschont geblieben. Beides ist voll von Influencern, die bezahlte Beiträge produzieren, und zwar nur solche, von denen sie wissen, dass sie damit ihre Zielgruppe erreichen, um später für andere Posts möglichst viel Geld einzusacken. Und zwischen deren Posts: Werbung. Auf YouTube: Dasselbe Spiel. Welche Videos werden mir dort vorgeschlagen? Von einem Algorithmus ausgesuchte. Das sind von vorneherein meist Werbevideos, im Deckmantel von Informationen und Inhalten, unterbrochen von Werbung, die nicht mal versucht etwas anderes zu sein, als das, was sie ist.

Selbst wenn man wollte, ist es unglaublich schwierig, Inhalte für YouTube zu produzieren, die genug Reichweite haben, um bei Google auf Seite eins zu landen. Das ist nur möglich, wenn man verstanden hat, was die besten „Inhalte" sind. Und die besten Inhalte sind eine Mischung aus dem, was die Zuschauer und dem, was die Algorithmen am besten finden. Das schafft man nur, wenn man SEO, also Suchmaschinenoptimierung, beherrscht. Und das beherrschen nur wenige richtig professionell, weil es sehr aufwendig ist. Für Amateure ist das nicht zu bewältigen. Das bedeutet, dass hinter einem erfolgreichen Video immer ein Geldgeber steht. Es gibt Profi-Redakteure, die die Werbeinhalte so aufbereiten, dass sie gefunden werden und auf Seite eins landen.

Bei klassischen Medien ist es vielleicht noch nicht ganz so schlimm. Aber auch die Erwartungshaltung der Nutzer hat sich geändert. Oder anders gesagt: Die Erwartungshaltung ist eine Generationsfrage. Denn die Jüngeren erwarten gar keine reinen Inhalte mehr, weil sie es gar nicht anders kennen. Bei den Älteren ist das aber so stark verwurzelt, dass sie naiverweise immer noch davon ausgehen, dass es wirkliche Inhalte gibt. Weil das ja früher auch so war. Aber schauen wir uns die andere Seite an. Nicht nur die Inhalte haben sich geändert. Auch Werbung funktioniert heutzutage anders. Früher hat man versucht, mit einem Werbespot alle anzusprechen. Zum Beispiel: „Waschmaschinen leben länger mit Calgon." Dabei ist man davon ausgegangen, dass jeder zur Zielgruppe gehört. Oder man hat zumindest versucht, eine möglichst breite Zielgruppe anzusprechen.

Heute funktioniert es genau andersrum. Nehmen wir mal Facebook als Beispiel. Da werden nicht mehr alle Inhalte an alle ausgespielt. Facebook hat für jeden Nutzer ein eigenes Profil angelegt. Und in diesem Profil gibt es gewisse Signale für den Algorithmus, für welche Themen man sich interessiert. Man kann also vorher festlegen: Diese Werbung soll nur ausgespielt werden, wenn der Nutzer in den letzten drei Jahren in Marokko war. Oder wenn er kürzlich geheiratet hat. Oder wenn er sich für Trekking-Touren interessiert. Man kann also selektiv und sehr spezifisch festlegen, wer was zu sehen bekommt. Innerhalb der festgelegten Zielgruppe kann man dann noch mal nachjustieren. Bleiben wir beim Beispiel Marokko. Es gibt die übergeordnete Gruppe von Menschen, die sich generell für Marokko interessiert. Innerhalb der gibt es dann aber eine Untergruppe, die sich für Viersternehotels und Pauschalurlaube interessiert, eine andere Untergruppe, die lieber Individualreisen unternimmt, eine ganz andere, die dort Aktivsporturlaube macht und so weiter. Es muss wahrscheinlich nicht dazu gesagt werden, dass es nichts bringt, einem überzeugten Cluburlauber Campingausrüstung für einen Aufenthalt im Rif-Gebirge andrehen zu wollen. Und diese Untergruppen teilen sich wieder in Untergruppen.

Facebook hat also für jeden von uns ein ganz persönlich zugeschnittenes Profil. Werbung funktioniert also nicht wie früher nach dem Gießkannenprinzip: Man versucht nicht alle, die gerne in Urlaub fahren, von einer Busreise durch Marokko zu begeistern. Man schaut, für was sich die Menschen von sich aus begeistern und bietet ihnen genau das an. Und bei YouTube ist es sogar noch spannender, weil da die Mechanismen noch mal anders funktionieren. Das ganze Geschäftsmodell ist von dieser Idee der hoch personalisierten Werbung inspiriert. Kleine Unternehmen können auf diese Art eine unglaublich zielgruppengerechte Reichweite erzielen, wobei die großen Player oft genau daran scheitern. Das Konzept funktioniert folgendermaßen: Wenn du bei YouTube eine Werbung siehst, die vor irgendeinem Video anläuft, dann hast du rechts daneben den Button, der es dir erlaubt, die Werbung nach fünf Sekunden abzubrechen und direkt zum Video zu gehen. Derjenige, der die Werbung geschaltet hat, zahlt erst nach 30 Sekunden. Und das kann er nutzen, um zu segmentieren. Wenn man also eine erfolgreiche YouTube-Werbung schalten will, dann versucht man, innerhalb der ersten fünf Sekunden die Zielgruppe rauszufiltern. Alle, die es nicht interessiert, überspringen den Clip sowieso. Man zahlt also nur bei potentiell Interessierten oder tatsächlichen Kunden.

Signale sammeln

Ein weiteres wichtiges Instrument des Online-Marketings sind die sogenannten Tracking Pixel. Beim Besuch einer Webseite werden sie automatisch geladen und ermöglichen es, die Bewegungen der Seitenbesucher aufzuzeichnen und zu analysieren. Jeder von uns kennt das: Man geht auf eine Website und direkt erscheint der Hinweis, dass auf dieser Seite Cookies verwendet werden – dem Benutzer zuliebe versteht sich.

Diese Cookies versorgen den Seitenbetreiber mit Informationen. Zum Beispiel zeigen sie an, ob ein Besucher schon einmal da war oder zum ersten Mal hier ist. Wichtig zu verstehen bei der Auswertung von Cookies ist es, nicht direkt beim ersten Kontakt etwas verkaufen zu wollen. Aus dem einfachen Grund, weil das nicht funktioniert. Bei Käufen im Internet geht es häufig um Vertrauen. Und wer vertraut schon einem völlig Unbekannten? Im ersten Schritt setzt man also eine Information ab und beobachtet, wer darauf reagiert. Auf diese Weise findet man heraus, wer sich prinzipiell für das Thema interessiert. Nur denen schickt man eine zweite Botschaft und schaut wieder, wer darauf eingeht. Wer dann noch übrig ist, bekommt die dritte Botschaft und die ist es häufig, die zum Verkauf führt. Das Fachwort für diese Methode lautet Remarketing. Facebook und Google sind übrigens im Moment die Unternehmen, die die meisten dieser Informationen gesammelt haben.

Trump Echolot

Nicht nur Unternehmen erfassen Nutzerverhalten, um möglichst effizient ihre Produkte an den Mann zu bringen. Auch Politiker senden Signale, um Informationen zu sammeln und dadurch Ideen, Konstrukte oder Anschauungen zu verkaufen. Niemand beherrscht das besser als Donald Trump, der als Twitter-Präsidenten in die Geschichte eingegangen ist. Allerdings ist genau das eine sehr erfolgreiche Technik. **Die meisten seiner unzähligen Tweets polarisieren. Das bedeutet, sie werden nicht nur von seinen Anhängern, sondern – oder vor allem – von seinen Gegnern geteilt und somit multipliziert.** Die Reaktionen in beiden Lagern beobachtet er ganz genau, um seine Botschaft im nächsten Schritt anzupassen.

Wenn er merkt, dass seine Kommunikation komplett nach hinten losgegangen ist, nimmt er im nächsten Tweet eine Kurskorrektur vor, indem er behauptet, falsch verstanden worden zu sein. Dann sagt er einfach das Gegenteil von dem, was er vorher gesagt hat. Diese Vorgehensweise ist unglaublich clever. Nicht zuletzt, weil sie ihm ein sehr schnelles Abtasten seiner Umgebung ermöglicht. Bevor er etwas wirklich umsetzen will, weiß er genau, wo die Grenzen der Akzeptanz verlaufen, was wie viel Zuspruch bekommt und was ihm um die Ohren fliegen würde. Der gelegentlich auf seine Tweets folgende Shitstorm ist also eine Art Echolot.

Früher war alles gleich

Klar werden jetzt ganz viele Leute sagen: Früher war eben doch alles besser. Und da möchte ich widersprechen. Es war auch früher schon so, dass nur Bücher gedruckt wurden, hinter denen ein Marktinteresse steckte. Die Bibel wurde deshalb gedruckt, weil sie sich verkaufte und nicht, weil sie das beste Buch der Welt war. Das war der Grund, warum die damaligen Investoren bereit waren, viel Geld in die Hand zu nehmen, um die Bibel zu drucken, weil sie sicher waren. Es wurden und werden schon immer nur die Bücher gedruckt, die sich entweder aufgrund hoher Nachfrage gut verkauften oder aber solche, für die sich kaum jemand interessierte, hinter denen aber Financiers standen, sodass es die Möglichkeit gab, durch das reine Vorhandensein des Buches ein Interesse dafür zu erzeugen.

Wenn ich weiter oben gesagt habe, dass es früher mal einen Unterschied zwischen Inhalten und Werbung gab, muss ich das an dieser Stelle etwas relativieren. **Denn schon vor der Erfindung des Buchdrucks war ein wesentlicher Teil unseres Lebens Werbung.** Im Grunde genommen ist schon unsere Sprache, ist Kommunikation, Werbung. Und zwar für unsere Ideen, Ansichten und Meinungen. **Wenn ein Höhlenbewohner eine Höhlenbewohnerin davon überzeugen wollte, dass er der bestmögliche Vater ihrer zukünftigen Kinder sei, war das nichts anderes als Werbung für das eigene Erbgut.** Vielleicht ist der Glaube an Inhalte auch nichts weiter als ein romantisches Narrativ von Zeitungsjournalisten, das uns in der Schule eingetrichtert wurde. Denn, seien wir mal ehrlich: Selbst all das, was wir in der Schule gelernt haben, ist im Grunde Werbung. Werbung für ein politisches System, für bestimmte ethische Grundauffassungen, für ausgesuchte Weltanschauungen, für gewisse Lehren, Annahmen und Ansichten. Eine bestimmte Gruppe von Menschen bekommt bestimmte, sorgfältig ausgewählte Informationen zugänglich gemacht. Man könnte sagen: Das System macht Werbung für sich selbst, legitimiert und stabilisiert sich dadurch.

Selbst der Blick ins Tierreich bestätigt, dass Kommunikation immer einen werblichen Zweck verfolgt. Der Pfau zum Beispiel schlägt sein Rad ja nicht zum Spaß. Es ist seine Art zu signalisieren, dass er so gesund und stark ist, dass er sich so etwas an sich Überflüssiges wie diesen Haufen langer Federn leisten kann. Und **das Zwitschern der Vögel ist ein akustisches Bewerbungsschreiben für deren DNA**, weil sie damit zeigen, dass sie unglaublich laut sein können und trotzdem nicht gefressen werden.

Ergo: Alles, jede Form von verbaler oder nonverbaler Kommunikation, ist Werbung. Und es ist besser, wir finden uns damit ab. Diese Erkenntnis kann natürlich frustrierend sein. Sie kann aber auch sehr entspannend sein. Denn erst wenn wir das verinnerlicht haben, können wir damit umgehen. Der Unterschied zwischen der basalen kommunikativen Einzelwerbung und der viralen, hochgetunten Massenwerbung ist allerdings, dass letztere deutlich mehr Verlierer erzeugt. Heute genügt es nicht mehr, der berühmteste Mensch im Dorf zu sein. Der berühmteste Mensch im Dorf hatte vielleicht eine Reichweite von ein paar hundert Menschen. Aber jetzt besteht seine soziale Reichweite nicht mehr nur aus den Dorfbewohnern. Er konkurriert plötzlich auch mit den Menschen aus dem nächsten Dorf, denen aus der Stadt, er konkurriert mit Influencern, der Bundeskanzlerin, dem Robert-Koch-Institut, dem Werbebudget von Nike und Donald Trump. Der Aufmerksamkeitsmarkt ist also viel unübersichtlicher und härter geworden. Der Kampf um die Beachtung kennt nur sehr, sehr wenige Gewinner. Die meisten gehen leer aus, weil sie einfach nicht verstehen, wie sie ihre Botschaften skalieren können. Die schlechte Nachricht ist nämlich: Aufmerksamkeit ist ein endlicher Rohstoff. Die Aufmerksamkeit, die Covid-19 auf sich zieht, kann nicht mehr an andere verteilt werden.

Ein zweiter wichtiger Punkt ist: Noch vor einigen Jahren war es so, dass erst eine für alle Leser gültige Kuration von Themen stattfand. Erst danach wurde produziert und verbreitet. Heute ist es genau umgekehrt. Heute werden Themen erst produziert und verbreitet. Die persönlich zugeschnittene Kuration für die Leser übernimmt dann ein Algorithmus. Das bedeutet, dass es niemanden mehr gibt, der bestimmte Informationen schon im Vorfeld aussortiert. Diejenigen, die diese Auswahl treffen, sind wir nun selbst. Dazu aber später mehr. Da zeige ich dir dann, welchen Manipulationsmechanismen du täglich ausgesetzt bist und wie du dich davor schützen kannst.

„*Es gibt die Ökonomie des Tauschens und es gibt die Öko-nomie des Schenkens. Wenn von Ökonomie die Rede ist, ist aber fast nur vom Tauschen und kaum je vom Schenken die Rede. Das hat etwas mit der Ökonomie selbst, vor allem aber mit jenen zu tun, die darüber reden.*“

Georg Franck, Ökonomie der Aufmerksamkeit, 1998

Kapitel 5

Punktestand
(Aufmerksamkeit als Kapital)

Zeitlimit

In diesem Kapitel will ich dir ein bisschen was über den Wert von Aufmerksamkeit erzählen. Vielleicht fange ich einfach mal mit einer Definition an: Aufmerksamkeit ist fokussierte Zeit. Ökonomisch gesehen bedeutet das: **Je knapper die zur Verfügung stehende Zeit ist, desto wertvoller ist sie.** Vor dem Internet gab es einen relativ kleinen Kreis von Menschen, der um unsere Aufmerksamkeit konkurriert hat. Darum hatten wir für jeden davon deutlich mehr Aufmerksamkeit zur Verfügung als heute. Heute wollen so viele etwas davon abhaben, dass es nicht für alle reicht und wir uns gut überlegen müssen, wen wir sie geben.

Ein zweiter wichtiger Aspekt von Aufmerksamkeit ist, dass sie nicht gleichwertig ist. **Denn wessen Zeit begehrter**

ist, dessen Zeit ist auch wertvoller. Ein einfaches Beispiel: Unzählige Menschen schauen ein und denselben Film und stellen dadurch ihre Zeit einem bestimmten Schauspieler zur Verfügung. Und viele dieser Menschen möchten diesen Schauspieler persönlich kennenlernen, mit ihm ihre Zeit teilen. Dem liegt ein ganz einfacher Mechanismus zugrunde. **Wir begehren vor allem die Aufmerksamkeit von den Personen, denen wir einen Großteil unserer Aufmerksamkeit schenken.** Wer schon mal verliebt war, weiß ganz genau, wovon ich spreche. Der Schauspieler aber muss gut überlegen, wem er seine Zeit zur Verfügung stellt. Seine Zeit ist begrenzt und je mehr Menschen darum konkurrieren, desto wertvoller wird sie. Verständlich also, dass Schauspieler so viel verdienen.

Fußballergehälter

Viele sind der Meinung, Fußballer seien völlig überbezahlt. Das Gegenteil ist der Fall. Wenn man sich ein Champions-League-Finale anschaut, dann sind da sehr, sehr viele Augen auf das Spielfeld gerichtet die sehen wollen, wer das Spiel gewinnt. Aber was sehen sie noch? Sie sehen jede Menge Logos. Logos, die eine Menge Aufmerksamkeit bekommen. Auch in den Werbepausen sind die Zuschauer ja nicht sofort auf dem Klo. Manche bleiben auch sitzen und sehen dadurch den ein oder anderen Werbespot. **Die Wertigkeit ihrer Zuwendung kann man sogar berechnen.** Nehmen wir an, jeder Zuschauer verdient im Durchschnitt den Mindestlohn. Und jeder konsumiert im Laufe eines Spiels sagen wir mal zwanzig Minuten Werbung. Dann hat die Zeit dieser Zuschauer einen Wert von 4,- €. Bei der Masse von Menschen ist das nicht gerade wenig. Außerdem muss man bedenken, dass etliche davon weitaus mehr als den Mindestlohn verdienen. Auf den Tribünen und vor den Fernsehern sitzen zusammengenommen mehr als 300.000.000 Menschen und daraus ergibt sich mehr als eine Milliarde Euro an Aufmerksamkeitswert für die beworbenen Produkte. Und das ist nur das Finale. Dazu kommen noch Ligaspiele, Pokalspiele, Europa- und Weltmeisterschaften.

$$\frac{300.000.000 \times 12 \ \text{€}/h}{20 \ min} = 1.200.000.000 \ \text{€}$$

Fußballer bekommen sehr viel Aufmerksamkeit. Und einer der Fußballer, der am meisten Aufmerksamkeit bekommt, ist Ronaldo. Das liegt nicht nur daran, dass er einer der Besten, sondern dass er auch noch sehr provokant unterwegs ist. Das heißt, Abgesehen vom Spiel mit dem Ball beherrscht er auch das Spiel mit der Aufmerksamkeit virtuos. Und solange es den meisten Zuschauern nicht egal ist, wieviel er verdient, ist sein Gehalt gerechtfertigt. Denn dass er so viel Geld verdient, sorgt für noch mehr Aufmerksamkeit. Das klingt erst mal paradox, aber eigentlich ist es logisch: Je größer der Neid, der Hass, der Unmut oder das Unverständnis, desto größer die Popularität. Schließlich ist auch negative Aufmerksamkeit Aufmerksamkeit. Dieser Neid kommuniziert nichts anderes als: Menschen bekommen mit, dass über Ronaldo geredet wird und dadurch wissen sie, dass er offensichtlich interessant ist.

Der Wert deiner Aufmerksamkeit

Der Wert von Aufmerksamkeit lässt sich aber nicht nur für Fußballer berechnen, sondern für jeden von uns. Spielen wir das mal mit folgenden Parametern durch: Du hast ein Video von zwölf Minuten Länge. Dieses Video schauen sich 100 Menschen an. Die, die das Video gucken, verdienen im Durchschnitt 25,- € pro Stunde. Durch dieses Video generierst du also 1200 Minuten oder 20 Stunden Aufmerksamkeit. 20 Stunden mal 25,- € – das macht 500,- €

$$\frac{100 \times 12\,min}{60\,min/h} * 25€/h = 500€$$

Du kannst es auch andersrum rechnen und statt des durchschnittlichen Stundenlohns deiner Zuschauer deinen eigenen als Grundlage nehmen. Wie viel Zeit hätte es dich gekostet, diese Gespräche eins-zu-eins zu führen? Wie viel Fahrtkosten und -zeit hast du dir durch das Video gespart? Du merkst: Da steckt ein hoher Aufmerksamkeitswert drin.

Wenn man das jetzt mal weiterdenkt: **Was für eine Verschwendung sind eigentlich Meetings?** Wenn zehn Menschen für eine Stunde in einem Raum sitzen, um über den Belag von Brötchen zu diskutieren, dann sind das zehn bezahlte Arbeitsstunden. Klar, bezahlt ja der Chef, ist ja egal. Aber gehen wir auch hier von 25,- € pro Person pro Stunde aus. Dann kostet den Chef das Diskutieren über den Brötchenbelag 250,- €. Für die Summe kann man auch einfach jeden beliebigen Belag der Welt kaufen. Was ich dir mit dem Beispiel nur sagen wollte: Behalte im Hinterkopf, wie teuer eigentlich Aufmerksamkeit ist.

Tausche Geld gegen Aufmerksamkeit

Wer wie Ronaldo Aufmerksamkeit im Überfluss hat, kann daraus jederzeit Geld machen. Es gibt nämlich immer Menschen, die Aufmerksamkeit kaufen wollen. Das machen sie, indem sie als Sponsor auftreten, also Geld dafür bezahlen, dass ihr Logo zu sehen ist. **Die Wandlung von Aufmerksamkeit in Geld findet fast immer über Werbung statt.** Umgekehrt kann man natürlich auch Geld in Aufmerksamkeit wandeln. Und auch das funktioniert über den Transformator Werbung. Es gibt Unternehmen, die sich genau darauf spezialisiert haben. Die erfolgreichsten und bekanntesten, die die höchsten Preise für Aufmerksamkeit erzielen, sind Google und Facebook. Beide Unternehmen bieten Aufmerksamkeit stückchenweise an und zwar über eine Auktion. Das heißt, die Aufmerksamkeit, die jemand zum Beispiel mit einer Suchanfrage verbindet oder auch beim Scrollen durch die Timeline zur

Verfügung stellt, wird an den meistbietenden Werbetreibenden verkauft. **Geld ist nichts anderes als gespeicherte Aufmerksamkeit.**

Aufmerksamkeit speichern

Eine weitere Eigenschaft von Aufmerksamkeit ist, dass sie flüchtig ist. Sie lässt sich nicht einfach mit einem Fingerschnipp erzeugen. Zumindest nicht von jedem. Darum ist es extrem wichtig, dass man die temporäre Aufmerksamkeit in einen langfristigen Wert wandelt, dass man die Aufmerksamkeit in irgendeiner Form speichert.

Das ist der Grund, warum man im Internet so oft nach seiner E-Mail-Adresse gefragt wird. Die Frage danach nennt man CTA – call to action – oder auf deutsch Handlungsaufforderung. Man hat etwas gesehen und soll dann einen Kanal abonnieren oder eben seine E-Mail-Adresse hergeben. **Die Wahrscheinlichkeit das zu tun steigt, wenn man im Gegenzug etwas bekommt:**

> **„Gehe jetzt auf <u>aufmerksamkeitshacker.de/bonus</u> Dort findest du den 100% kostenlosen Spickzettel mit den wichtigsten Aufmerksamkeitshacks!"**

Häufig steckt extrem viel Geld in solchen kostenlosen Köderangeboten, denn es geht darum, eine langfristige Beziehung aufzubauen. Und eine langfristige Beziehung bedeutet, dass man die Möglichkeit hat, immer wieder in Kontakt zu treten. Der einfachste Weg dazu ist nun mal die E-Mail. Meist bekommt man eine automatisierte E-Mail-Serie, mit der man immer wieder kleine Informations-Häppchen geliefert bekommt, damit man sich möglichst oft mit dem Absender auseinandersetzt. Im besten Fall entsteht dadurch sogar das Gefühl, dass man das unbekannte Gegenüber kennt. Man fängt an, der Person oder Marke oder Institution zu vertrauen, was es dem Sender erleichtert, einen Aufmerksamkeitsspeicher aufzubauen.

Die E-Mail-Adresse ist natürlich nur ein Weg. Man kann genauso gut einen YouTube-Kanal abonnieren oder jemandem auf Instagram folgen. **Allerdings ist den meisten Unternehmen die E-Mail-Adresse am liebsten, weil sie in den letzten Jahren der beständigste und zuverlässigste Kontaktweg war.** Facebook ändert ständig die Spielregeln, Abos werden immer weniger wert und auch ein Like von einem Follower steht nicht so hoch im Kurs.

Ja, zugegeben, auch ich bediene mich mit diesem Buch an deinem Aufmerksamkeitsspeicher. Aber da du das Buch bis hier gelesen hast, muss ich mir keine Sorgen machen, deine Aufmerksamkeit noch mal zu verlieren. Darum kann ich eine andere Methode anwenden. Ich nehme nämlich einen Trigger.

Jedes Mal, wenn dir jemand etwas umsonst anbietet und dafür „nur" deine E-Mail-Adresse haben will, wirst du dich an mein Buch erinnern. Das ist mal ein Aufmerksamkeitshack!

Aufmerksamkeit in Geld wandeln

Kommen wir zum Aufmerksamkeitsspeicher. **Aufmerksamkeit lässt sich nicht speichern** und das Depot bleibt nur dann voll, wenn man es wieder und wieder und wieder befüllt. Das ist nicht einfach. **Aber wer bereits bekannt dafür ist, bekannt zu sein, für den ist es ein Leichtes, neue Aufmerksamkeit zu generieren. Dabei spielt es keine Rolle, ob es sich um positive oder negative Aufmerksamkeit handelt.**

Die meisten Menschen schämen sich, Skandale zu verursachen und negative Aufmerksamkeit auf sich zu ziehen. Das war früher auch sehr sinnvoll, weil man dann als das Mitglied, das eine Gemeinschaft in Schwierigkeiten gebracht hat, ausgeschlossen wurde. Und das wollte niemand, weil man alleine nicht überleben konnte. Wenn man nicht verhungert ist, wurde man von einem Säbelzahntiger gefressen oder ist auf irgendeine andere Art über die darwinistische Klippe gesprungen. Weil es also über sehr lange Zeit hinweg überlebensnotwendig war, nicht von der Gruppe verstoßen zu werden, hat sich die Strategie, sich für Skandale zu schämen oder sie zu verschweigen, fest in unseren Genen verankert. Allerdings haben sich unsere Lebensverhältnisse derart geändert, dass diese Strategie ihre Relevanz verloren hat. Es gibt nicht mehr die eine Gemeinschaft, der wir zwangsläufig zugehören. Es gibt viele parallel existierende Gemeinschaften und es steht uns weitestgehend frei, welcher wir uns anschließen.

Selbst wenn wir aus einer dieser Gruppen ausgeschlossen werden, gibt es noch genug andere, die uns mit offenen Armen aufnehmen.

Da wir dank Internet, egal was wir machen, immer Leute finden können, die ähnlich ticken wie wir, ist es im Grunde unmöglich, komplett ausgeschlossen zu werden, solange wir nach außen kommunizieren. Klar, wer sich bewusst dazu entscheidet, ein Außenseiterleben zu führen und als Selbstversorger die soziale Interaktion einzustellen, den hindert natürlich niemand daran. Aber wer eine Gruppe von Gleichgesinnten sucht, der wird sie auf jeden Fall finden. Selbst Kannibalen haben Fans. Und auch – oder gerade – für Skandale bietet das Internet eine Bühne. Allerdings trauen sich nur wenige, systematische Schamlosigkeit als Mittel einzusetzen. Die, die sie einzusetzen wissen, schlagen daraus einen enormen Vorteil. Der Skandal ist in der Aufmerksamkeitsökonomie nämlich der ultimative Cheat Code. Wer das verstanden hat, der kann daraus beliebig viel Aufmerksamkeit erzeugen, die er dann wieder monetär umsetzen und davon leben kann. Spannend zu beobachten ist, dass sich die Deutschen in der Hinsicht eher in Zurückhaltung üben. Sie sind sich des positiven Effekts negativer Berichterstattung nicht bewusst und versuchen sie darum zu vermeiden. Beispielhaft hingegen sind die Amerikanern mit ihrer fuck it-Haltung. Im internationalen Vergleich verschafft ihnen das einen gigantischen Standortvorteil. Die Chinesen gleichen eher den Deutschen und fallen auch nicht gerne negativ auf. Das wird in den kommenden Jahren noch spannend zu beobachten, was passiert, wenn verschiedene Kulturen enger miteinander verwachsen.

Versteh mich nicht falsch: Das ist kein Appell, jetzt raus zu gehen und Skandale zu verursachen. Das ist eine reine Beobachtung. Was du daraus machst, ist deine Sache. Was B-Prominente gerne mal daraus machen: Sie schlagen Profit daraus. Sie schämen sich nicht nur nicht wegen ihrer Skandale, sie provozieren sie regelrecht. Skandale sind für sie – trotz der negativen Wirkung – eine Art Aufmerksamkeits- und Einkommensquelle.

Nehmen wir mal vier Beispiele. Warum batteln sich Ghetto-Rapper eigentlich ständig untereinander oder mit anderen? Klar, weil es Teil ihrer Attitüde ist. Aber eben auch, um Schlagzeilen zu produzieren. Oftmals hat die Berichterstattung über ihre Skandale eine viel größere Reichweite als ihre Musik. Vor allem werden so auch Menschen auf sie aufmerksam, die sonst niemals von ihnen gehört hätten. Menschen, die genau wissen, dass Bushido dieses oder jenes gemacht hat, ohne auch nur einen Song von ihm zu kennen. Und je größer die öffentliche Empörung, desto höher der Bekanntheitsgrad, desto höher die Umsätze.

Wer Provokation als Marketinginstrument professionalisiert hat, ist die Band Rammstein. Ende der Neunziger sorgten sie mit einem Video für Furore, in dem sie Ausschnitte aus einem NS-Propagandafilm von Leni Riefenstahl zeigten. In ihren Bühnenshows packen sie gerne mal Dildos aus, um damit Analsexszenen nachzustellen. Zu ihrem Glück fand man diese Showeinlage in Massachusetts dermaßen anstößig, dass Teile der Band festgenommen wurden und eine Nacht in Gewahrsam verbrachten. Dass sich die Presse auf Geschichten wie diese stürzt, ist klar. Und dass das explizit pornographische Album „Liebe ist für alle da" zeitweise auf dem Index landete, erhöhte die Nachfrage schlagartig. Selbst als Rammstein sich nach längerer Schaffenspause zurückmeldete, taten sie das mit einer Provokation: Zu ihrer 2019 erschienen Single „Deutschland" veröffentlichten sie ein Video, in dem die Bandmitglieder als KZ-Häftlinge auftraten, die auf ihre Hinrichtung am Galgen warteten. Und schon waren sie wieder in aller Munde. Bands, die lange nichts von sich hören haben lassen und dann einfach nur ein neues Album veröffentlichen, fällt es oft schwer, an frühere Erfolge anzuknüpfen und alte Fans zu reaktivieren. Rammstein hat verstanden, dass das Eigentliche, was sie auf den Markt bringen müssen, der Skandal ist – erst im Nachgang dazu verkaufen sie die Musik.

Ein weiteres Beispiel aus der Musikwelt: David Hasselhoff. Nach Knight Rider und Baywatch kannte ihn vermutlich jeder Jugendliche auf der Welt. Und sein „I've been looking for freedom", das er in der Silvesternacht 1989/1990 auf einem Kran über der Berliner Mauer sang, ließ ihn – zumindest in Deutschland – endgültig ins kollektive Gedächtnis eingehen. Das war der Höhepunkt seiner Karriere. Danach schaffte er es zwar immer mal wieder für Aufmerksamkeit zu sorgen, allerdings eher selten mit schauspielerischen Leistungen oder Songs. Seinen größten medialen Erfolg seitdem hatte er mit einem Video, das 2007 auf YouTube veröffentlicht wurde. Darin sieht man ihn ganz wörtlich am Boden liegen. Mit nichts weiter als einer Jeans bekleidet versucht er völlig betrunken, einen Cheesburger zu essen, was nur von mäßigem Erfolg gekrönt ist. Aber immerhin schaffte er es mit solchen Skandalen, nie ganz aus dem Fokus der Öffentlichkeit zu verschwinden. 2019 durfte er sogar noch mal an den Resten der Berliner Mauer „I've been looking for freedom" singen.

Ein letztes gutes Beispiel ist Boris Becker. Auch er macht schon lange nicht mehr wegen sportlicher Erfolge von sich reden. In Vergleich zu anderen Sportlern hat er es nicht geschafft, seine ökonomischen Schäfchen ins Trockene zu bringen, die Aufmerksamkeit frühzeitig in Geld umzuwandeln und sparsam damit umzugehen. Zumindest hat es den Anschein, dass er über ziemlich viel Fantasie verfügt, wenn es darum geht, Geld auszugeben. Seine Haupteinnahmequelle sind Skandale.

Man kann also sagen: Skandale zu erzeugen ist regelrecht ein Job. Es ist eine ernstzunehmende Arbeit, der etliche B-Promis und halb in Vergessenheit geratene Sternchen nachgehen und von der es sich gut leben lässt.

Aufmerksamkeit investieren

Kommen wir zu einer weiteren wichtigen Idee: dem ROTI. ROTI steht für Return On Time Invested, oder zu Deutsch die einfache Frage: hat sich die investierte Zeit gelohnt? Schon im Studium habe ich angefangen zu vergleichen, wie viel Zeit ich damit verbringe, ein Video zu erstellen und wie viel Zeit die Zuschauer damit verbringen, das Video anzuschauen. **Wenn ich zum Beispiel ein zweiminütiges Video erstelle und das am Ende von 100 Menschen betrachtet wird, bekommt das Video 200 Minuten Aufmerksamkeit.** Meine einfache Logik: **Wenn ich mehr als 200 Minuten gebraucht habe, dieses Video zu erstellen, habe ich Verluste gemacht.** Durch diese Betrachtungsweise wurde mir schnell klar, dass meine Mitstudenten als einziges Publikum selten ausreichten, um einen Zugewinn an Aufmerksamkeit zu erzielen. Bei aufwendigeren Produktionen war es für mich von Anfang an wichtig, schon im Vorfeld über das mögliche Publikum nachzudenken. Deshalb war für mich YouTube als Verbreitungskanal mit potentiell sehr großer Reichweite sehr interessant.

Mediale Halbwertszeit

Bei meinen Experimenten mit weiteren Video-Plattformen ist mir aufgefallen, **dass manche Themen am nächsten Tag schon wieder völlig irrelevant sind.** Das beste

Beispiel dafür ist das Wetter. Oder ein Vorbericht für ein Fußballspiel. So etwas wird sich im Nachhinein nie wieder jemand angucken, weil es nicht die geringste Bedeutung hat. Weder emotional, noch inhaltlich.

Schon besser sind da Themen, die zumindest kurzfristig intensiv von vielen diskutiert werden. Aber wenn man sich mal einen Hype von vor ein paar Jahren anschaut erkennt man schnell, dass er zwar meist eine große, dafür aber nur eine sehr kurze Reichweite erzeugt hat. Genau damit kann man natürlich arbeiten. Wenn man noch völlig unbekannt ist, lässt sich so ziemlich schnell Aufmerksamkeit generieren. Die Konkurrenz hält sich meist genau wegen dieser kurzfristigen Reichweite im Rahmen. Und wenn man es schafft, die Aufmerksamkeit, die man dadurch bekommt, zu speichern, um sie für andere Themen wieder einzusetzen, ist so ein Hype ein sehr dankbares Einstiegsinstrument.

Wer aber schon ein bisschen Aufmerksamkeit angespart hat, sollte seine Zeit lieber nicht in Hypes investieren und sich stattdessen auf Evergreen-Content konzentrieren. Damit meine ich Themen, die einfach immer relevant sind. Zum Beispiel Pfannkuchen-Rezepte oder Anleitungen zum Binden von Krawatten. Das klingt jetzt nicht sexy, aber jeden Tag steht jemand auf und stellt sich Fragen wie: Wie binde ich mir eine Krawatte oder wie macht man eigentlich Pfannkuchen? Das wird wahrscheinlich auch die nächsten 50 bis 100 Jahre so sein. Wenn man das richtig gut macht, kann man sich fast sicher sein, dass man damit über Jahre hinweg immer wieder neue Aufmerksamkeit bekommt.

Natürlich gibt's auch saisonale Evergreens, die jedes Jahr wieder Aufmerksamkeit erzeugen. Zum Beispiel Weihnachtsplätzchenrezepte oder Tipps gegen Sonnenbrand. Super Beispiel dafür: Last Christmas von Wham! Das wird einfach jedes Jahr zu Weihnachten wieder aus der Mottenkiste geholt.

Diese unterschiedliche Lebensdauer von Beiträgen ist aber nicht nur durch die Themen beschränkt, sondern auch durch die Medien, in denen sie veröffentlicht werden. So ist es zum Beispiel bei Facebook und Instagram so, dass die Inhalte innerhalb vom ersten Tag gesehen werden – oder gar nicht. Die Halbwertszeit ist also sehr gering. Noch kürzer ist sie nur bei Twitter. Da interessiert es meist nach wenigen Stunden niemanden mehr, was man getweetet hat. Wobei dort der Aufwand, etwas zu produzieren, deutlich geringer ist. Schauen wir uns LinkedIn an. Da kann man ungefähr von drei bis fünf Tagen sprechen. Danach sind die Beiträge aber meist vollkommen, man sagt: versendet. Heißt: Sie sind nicht mehr auffindbar für den Konsumenten. Höhere Chancen, länger präsent zu sein, hat man bei tiktok. Zumindest wenn man es schafft, die anderen Nutzer in den ersten Minuten zu überzeugen. Wenn einem das gelingt, kommt man in eine virale Wachstumsspirale rein. Unter Umständen wird man über Monate hinweg anderen Leuten vorgeschlagen. Wenn einem das nicht gelingt, ist man aber auch hier häufig schon nach wenigen Stunden komplett durch die Aufmerksamkeit durch.

Richtige Dauerbrenner kann man erzeugen, wenn man zum Beispiel auf der eigenen Website einen Artikel schreibt, der für Google suchmaschinenoptimiert ist. Die zweitgrößte Suchmaschine weltweit ist YouTube. Auch da stehen die Chancen gut, wenn man es schafft, ein Video zu produzieren, das bei einer Suchanfrage zu dem Thema auf Seite eins angezeigt wird. Und auch Podcasts haben eine sehr, sehr lange Halbwertszeit. Spannend bei Podcasts und YouTube ist, dass man es mit einem einzigen Video schaffen kann, Leute auf seinen Kanal zu bekommen, die dann den gesamten Kanal durchschauen. Facebook und Twitter eignen sich also eher dazu, kurzfristig Aufmerksamkeit zu erzeugen, wohingegen man mit YouTube und Podcasts wirklich langfristig was erreichen kann.

Aber wie läuft das bei den klassischen Medien? Fernsehen, du ahnst es, hat eine extrem geringe Halbwertszeit. Wer nicht sofort dabei ist und guckt, der wird es nie wieder sehen. Zeitungen sind da ähnlich. Zeitungen haben eine Halbwertszeit von 24 Stunden. Wer sie nicht am richtigen Tag liest, tut es auch an keinem anderen. Der Longdistancerunner unter den klassischen Medien ist das

Buch. Während das Fernsehen und die Zeitungen mit Facebook oder Twitter vergleichbar sind, ähneln Bücher eher Google und YouTube. Aber auch hier gilt: Nicht jedes Buch wird ein Dauerbrenner. Bücher mit gut aufgearbeiteten und zeitlos relevanten Themen findet man selbst nach Jahren noch. Sogar dann noch, wenn selbst das meistgeklickte Video aus demselben Erscheinungsjahr schon lange nicht mehr auffindbar ist. Wie schon gesagt muss man allerdings auch in Relation setzen, wie viel Zeit man für die jeweilige Aufmerksamkeit investiert. Man sollte nicht einen ganzen Tag in eine Instagram-Story stecken, nach der nach kürzester Zeit kein Hahn mehr kräht. Man muss aber auf jeden Fall deutlich mehr als einen Tag in ein Buch investieren, wenn man darauf abzielt, einen Evergreen zu schreiben.

Der Trumpeffekt (1-1=2)

Aus aufmerksamkeitsökonomischer Sicht ist Trump die Quadratur des Kreises gelungen. Wie bereits gesagt hat er es perfektioniert, seine Tweets wie ein Echolot zu nutzen, um sein Umfeld zu verstehen. Dabei erzeugt er sowohl positive als auch negative Werte. In anderen Bereichen würde man das gegeneinander aufrechnen. Einfaches Beispiel: Wenn jemand auf der einen Seite Schulden hat, auf der anderen Seite aber ein Einkommen in derselben Höhe, steht unterm Strich eine Null. Bei der Währung Aufmerksamkeit verhält sich das allerdings anders. **Erzeugt man auf der einen Seite zehn negative Aufmerksamkeitseinheiten und auf der anderen zehn positive, nivelliert sich das nicht gegenseitig, sondern addiert sich, sodass man am Ende im Haben ist.** Zwar wiegen die negativen Einheiten nicht ganz so viel wie die positiven, das Resultat ist aber trotzdem positiv. Es geht dabei nicht darum, jeden von seiner Meinung zu überzeugen. Es langt, die Überzeugten zu erreichen. Und das schafft man auch, wenn sich die Gegner darüber aufregen und es weiterverbreiten – und zwar ungewollt auch zu den Befürwortern. Ergo: Wenn wir uns öffentlich über jemanden echauffieren, dessen Meinungen und Ansichten wir nicht teilen, bieten wir ihm dadurch immer noch eine Plattform. Dessen sollte man sich zumindest bewusst sein.

Damit sind wir auch beim Kern meines Buchtitels. Es sollte jedem von uns darum gehen, sich nicht instrumentalisieren zu lassen. Zur Zeit wird viel über digitale Resilienz geredet. Ich spreche lieber von digitaler Ignoranz. Die ist nicht nur legitim, sie ist ein wichtiges Instrument unseres eigenen Seelenfriedens. Und sie ermöglicht es uns, gezielt eingesetzt, anderen ihre ökonomische Grundlage zu entziehen. „Auch negative Werbung ist Werbung" – das ist ein Satz, den man gerne mal unbedacht dahin sagt und den wir alle viel ernster nehmen sollten. **Was uns nicht passt, das sollten wir totschweigen, statt es weiterzuverbreiten.**

Quantität vs. Qualität

In Sachen Aufmerksamkeit gibt es aber natürlich nicht nur quantitative Unterschiede, sondern auch qualitative. Das heißt: Ein Like ist nicht ein Like. **Manche Likes sind einfach deutlich mehr wert als andere** – und wieder andere sind völlig wertlos. Ein Like von einem Roboter kann zwar helfen den Algorithmus zu betrügen, hat aber am Ende null Relevanz. Warum? Weil der Roboter keine Produkte von dir kaufen wird. Der Bot wird dir nicht helfen und auf der Straße wird er dich auch nicht erkennen. Ähnlich ist es mit den ganzen Like-Farmen aus Indien. Das bringt dir unterm Strich gar nichts, weil derjenige, der die Likes verteilt, gar nicht weiß, was du verbreitest. Es kann also durchaus wertvoller sein, wenn man nur eine sehr geringe, dafür aber erlesene Reichweite hat. Nehmen wir zum Beispiel den klassischen Lobbyisten. Der klassische Lobbyist versucht eine sehr kleine Zielgruppe, meist Politiker, davon zu überzeugen, dass die Ideen seiner Auftraggeber die richtigen sind. Er versucht erst gar nicht, eine Million Menschen zu erreichen. Viel wichtiger für ihn ist es, diese kleine Gruppe zu überzeugen. Denn deren Aufmerksamkeit hat so starke Auswirkungen auf den Rest der Welt, dass das deutlich effektiver ist, als gleich die Massen überzeugen zu wollen. Beides kann natürlich zielführend sein, aber man sollte sich immer fragen, wie wertvoll die Aufmerksamkeit einer bestimmten Person oder Personengruppe ist. Wenn man als Zielgruppe jetzt nicht gerade die ganze Welt, sondern sich auf eine spezielle Nische spezialisiert hat, sieht das nämlich schon ganz anders aus. Zumindest, wenn es eine Nische mit hoher Energie ist. Dann langt es oft schon, 100 Menschen zu erreichen, um davon leben zu können. Nehmen wir mal an, es gibt das Problem, dass die goldene Apple Watch nicht so richtig kompatibel mit der dafür vorgesehenen Ladevorrichtung auf Yachten ist und darum ständig runterfällt. Dieses Problem haben wahrscheinlich nur sehr wenige Menschen. Aber alle dieser Zielgruppe haben die finanziellen Möglichkeiten, sich deine abgefahrene Konstruktion zu leisten.

In einer völlig anderen qualitativen Liga spielt der sogenannte Multiplikator (nicht zu verwechseln mit einem Influencer). **Ein Multiplikator kennzeichnet sich dadurch, dass er viele andere kennt, die eine große Reichweite haben.** Das könnte zum Beispiel der Masseur der Fußball-Nationalmannschaft sein. Dieser kann eine Idee an 22 Spieler weitergeben, diese Spieler haben hingegen gleich ein Millionenpublikum. Wenn du selbst nur eine geringe Reichweite hast, darunter aber Multiplikatoren, kannst du auch sehr viele Menschen erreichen. Der Like eines Multiplikators ist qualitativ wesentlich wertvoller als 1000 Roboter-Likes.

Filter

Eine ständig wachsende Zahl von Medienanbietern konkurriert um die limitierte Aufmerksamkeit des Publikums.

Auf der einen Seite wird es immer günstiger, Inhalte zu produzieren oder produzieren zu lassen. Das bringt auf der anderen Seite aber auch mit sich, dass die Konkurrenz ständig zunimmt und Beiträge an Wert verlieren.

Das führt unter anderem dazu, dass es immer jemanden geben wird, der vergleichbare Informationen kostenlos zur Verfügung stellt, was er sich aufgrund eines anderen Geschäftsmodells leisten kann. Nicht jeder ist darauf angewiesen, Geld von seinen Kunden zu bekommen. Viele können die Aufmerksamkeit durch andere Produkte, die von ihnen selbst oder Sponsoren angeboten werden, monetarisieren. Der kostenlose Content ist nur eine Art Köder.

Die Zahl derer, die kostenlose Informationen anbieten, wächst ständig. Teilweise ist es sogar möglich, Texte von Robotern schreiben zu lassen, sodass es dafür keinerlei menschliche Zeit und Energie mehr braucht. Wir werden regelrecht von Medien überflutet. **Das Grundrauschen nimmt ständig zu und es wird immer schwieriger, Signal und Rauschen auseinanderzuhalten.** Aus diesem Grund sind Facebook und Google so erfolgreich. Denn sie haben sich darauf spezialisiert, zwischen Signal und Rauschen zu unterscheiden. Sie helfen den Nutzern an die Sachen zu kommen, die für sie relevant sein könnten. Natürlich machen sie das nicht perfekt und sie wären gerne bereit, noch mehr Inhalt zwischen ihre Werbung zu packen. Aber für den Moment reicht das völlig aus, weil ohnehin niemand in der Lage ist, mit diesem Tempo Schritt zu halten. Eine solche Selektion manuell zu bewerkstelligen wäre schlichtweg unmöglich. In kleineren Nischen kann man sich aber sehr wohl als Autorität etablieren. Und zwar, indem man dort Inhalte kuratiert. Wenn man das gut macht, spielt Google einem dabei in die Karten. Die wollen ja die besten Inhalte und wenn man die hat, bekommt man jede Menge Aufmerksamkeit durch Google weitergeleitet. Davon abgesehen gibt es ja auch noch die guten alten Analog-Bewertungen: Kunden, die zufrieden sind, erzählen das Freunden, Bekannten oder Arbeitskollegen, also potentiellen anderen Kunden.

Das ist vergleichbar mit diesem Buch. Was du hier liest, habe ich mir ja nicht komplett selbst ausgedacht. Ich habe sehr viel zu dem Thema gelesen, die für mich wichtigsten Informationen herausgefiltert und sie dir komprimiert zur Verfügung gestellt. Ich habe also Thesen, Ideen und Ansätze rund um das Thema kuratiert und bin dadurch sowohl Produzent als auch Filter.

Kapitel 6

Vom Ball zum Spieler werden

Zeit ist wertvoll

Meine Mutter ist im Alter von 41 Jahren gestorben. Und auch mein Vater hat es nicht bis ins Rentenalter geschafft. Vielleicht ist deshalb für mich schon immer klar gewesen, dass Zeit etwas Wertvolles ist. Etwas Wertvolles und Unwiederbringbares. **Egal wie arm oder reich man ist: Jeder Tag hat 24 Stunden. Für jeden. Und wir haben eben eine gewisse Lebenserwartung. Selbst wenn die irgendwann mal bei 90 Jahren liegen wird, ist sie immer noch limitiert.** Und: Sie lässt sich nur einmal investieren. Genauso wenig wie sich fremde Aufmerksamkeit ansparen lässt, lässt sich die eigene Aufmerksamkeit sparen. Wenn sie einmal verbraucht wurde, ist sie verbraucht. Sie kann nicht wiederhergestellt werden.

Das heißt, immer, wenn ich mich für etwas entscheide, entscheide ich mich gegen alles andere. Die Lebenszeit, die ich dafür verwende, mich mit etwas auseinanderzusetzen, kann ich nicht mehr dafür verwenden, mich mit etwas anderem zu beschäftigen. Je früher man das versteht, umso früher kann man damit beginnen, seine Zeit bewusst und sinnvoll zu nutzen. Und je älter ich werde und je mehr Erfahrungen ich sammle, desto weniger bereit bin ich, meine Zeit verschwenden zu lassen. Ja, ich sage hier „verschwenden zu lassen". Ich will auf keinen Fall sagen, dass es total wichtig ist, jede Sekunde seines Lebens zu optimieren. Aber man sollte sich bewusst für die Sachen entscheiden, die man macht. Ein Beispiel: Wenn ich einmal pro Woche einen Großeinkauf machen oder mir meine Lebensmittel liefern lassen würde, würde ich vermutlich sehr viel Zeit sparen. Aber der regelmäßige Gang zum Supermarkt ist mir wertvoll. Das ist Zeit, in der ich mich bewege und meditiere oder nachdenke. Und damit ist der Weg zum Supermarkt für mich kein notwendiges Übel, sondern sinnvoll genutzte Zeit.

Viele planen ihr Leben nach dem Motto: Wenn ich das und das erreicht habe, dann werde ich endlich … Nein, wirst du nicht. Niemand schafft es, nach dem erreichten Ziel, das zu tun, was er eigentlich machen will. Denn nach dem Ziel ist vor dem Ziel und so ist man im schlechtesten Fall ein Leben lang damit beschäftigt, nur noch dieses eine nächste Ziel erreichen zu wollen, bis man plötzlich merkt, dass für alles andere keine Zeit mehr übrig ist. Deshalb ist es wichtig, dass man seinen Alltag unter Kontrolle bringt und dass man Tag für Tag seine Zeit so nutzt, dass es zum eigenen Lebensplan passt.

Schütze deine Zeit

Es gibt niemanden, der deine Zeit für dich verteidigt. Warum auch? Wenn du es nicht machst, macht es niemand. Selbst dein Partner und deine Kinder haben in erster Linie Interesse daran, Aufmerksamkeit von dir zu bekommen – und zwar genau dann, wenn sie sie brauchen. Das kann und soll ihnen auch niemand vorwerfen. Du solltest dir nur bewusst sein, dass es so ist. Wenn du nämlich zu viel Aufmerksamkeit an andere verteilst, ist am Ende des Tages keine Aufmerksamkeit mehr für diejenigen übrig, denen du sie gerne geben würdest.

Darum ist es wichtig, dass du dir einen Aufmerksamkeitspuffer zulegst, deine Aufmerksamkeit schützt und ganz genau überlegst, wem du sie schenken willst. Die meisten von uns haben einen fragwürdigen Aufmerksamkeitsverteilungsschlüssel. Sie geben ihre ganze Aufmerksamkeit denjenigen, zu denen sie keinerlei persönliche Beziehung haben, die sie nicht wertschätzen und die sie oftmals nicht mal kennen. Entweder, indem sie sich darüber aufregen. In dem Fall bekommt ein Chef oder Arbeitskollege manchmal sogar dann noch Aufmerksamkeit, wenn man schon längst mit der Familie beim Abendessen sitzt. Oder sie verbringen Zeit mit Energie-Vampiren. Das kann ein Kollege sein, bei dem man sich fragt, warum der nicht endlich mal aufhören kann zu erzählen. Das kann ein Freund sein, der wegen jeder Kleinigkeit anruft und im Grunde jedes Mal dasselbe erzählt. Noch schlimmer ist es, wenn ein Banker einen Termin zu einem Vorsorgegespräch ausmacht und im Endeffekt geht's dem gar nicht um dich. Es geht ihm nur darum, dass er dir am Ende einen Bausparvertrag aufs Auge drückt. Und auch Kunden können ganz schön nervig sein. In all solchen Fällen muss man sich gut überlegen: Ist es das wert? Die Antwort ist in fast allen Fällen: Nein.

Aber jetzt gucken wir mal: Wie kannst du dich konkret schützen? Der erste und einfachste Schutz ist: eine Mailbox im Handy. Wenn dich jemand anruft, mit dem du eigentlich gar nicht sprechen willst, dann geh einfach nicht ran. Lasse ihn auf die Mailbox sprechen, ignoriere das für zwei Tage und wenn er sich nach zwei Tagen wieder meldet, dann gehst du wieder nicht dran. Wenn du ganz krass bist, dann sagst du einfach, dass er dich in Ruhe lassen soll. Aber das ist häufig gar nicht notwendig. Denn die Energie-Vampire finden schon einen anderen, dem sie ihre Geschichte erzählen können. Also mach dir da gar keine Sorgen. Du hast keine Verpflichtung darauf zu reagieren. Mit solchen Energie-Vampiren wird man also relativ leicht fertig.

Es gibt andere, die es viel, viel besser drauf haben, deine Aufmerksamkeit zu stehlen. Und zwar Webseiten beziehungsweise Apps. Vor allem Facebook, Instagram, YouTube und Tiktok. Der wichtigste Hack dieser Anbieter sind immer neue Inhalte, immer neue Zerstreuungen, mit denen du deine Zeit verschwenden kannst. In Fachkreisen bezeichnet man das als die endlose Timeline. Egal wie tief du scrollst, es kommt immer wieder eine neue Nachricht, immer wieder ein neues Bild, immer wieder ein neues Video, das du anschauen und liken kannst. Das Ganze ist extrem gut durch Algorithmen optimiert. Denn je mehr Aufmerksamkeit du in die Timeline gibst, desto öfter kommt eine Werbeanzeige an dir vorbei und desto mehr Geld kann mit dir verdient werden. Das Prinzip ist nicht neu, das ist natürlich auch bei Zeitungen der Fall. Nur die können es noch lange nicht so gut. Die können ihre Anzeigen nur allgemein für alle Leser gleichzeitig optimieren, während deine Timeline nur für dich individuell optimiert wurde. Es ist also auch deutlich schwieriger für dich, davon wieder loszukommen, weil:

Oh! Da ist eine Katze!

Die beste Methode sich davor zu schützen ist es zu verstehen, was dieser Algorithmus macht: Er liefert dir das, worauf du am intensivsten reagierst. Er liefert dir sozusagen Crack für deine Aufmerksamkeit. Wie kann man das umgehen? Ganz einfach: Fütter ihn nicht! Geh nicht so oft auf diese Seiten. Leicht gesagt, aber oft schwer getan. Es gibt allerdings Tools, die dir dabei helfen. Zum Beispiel lässt sich Facebook durch verschiedene Plugins sperren. Das ist die Hardcore-Variante. Aber für viele reicht es schon, wenn man die App deinstalliert. Oder aber man deaktiviert in seinem Handy die mobilen Daten für solche Apps. So kann man es immer wieder nach Bedarf neu einstellen. Hilfreich ist es auch, wenn du zwischen dem Impuls „ich möchte etwas sehen" und der Ausführung ein bisschen Zeit verstreichen lässt.

Wenn du zum Beispiel jedes Mal dein Passwort manuell eingeben musst, wenn du deine Timeline sehen willst, kann das schon die nötige Hürde sein.

Hier ist wichtig zu verstehen: Facebook hat genau das Gegenteil mit dir gemacht. Ganz am Anfang. Facebook hat dich trainiert wie einen Hund, den man mit einem Klicker darauf trainiert hat, dass es bald Essen gibt und dem sofort das Wasser im Mund zusammenläuft. Du erinnerst dich vielleicht noch daran, als du dich damals angemeldet hast. Da hast du zuerst von ganz vielen Freunden eine Freundschaftsanfrage gekriegt. Na klar, ist total spannend. Die muss man dann erst einmal alle bestätigen. Dann hast du deinen ersten Post gemacht und dann gab's total viele Likes. Auch da muss man natürlich ständig gucken: Wer hat das denn geliked? Wer war das? Und so sorgt Facebook dafür, dass du dich ganz am Anfang, in den ersten Tagen, regelmäßig auf der Seite anmeldest. Dein Email-Postfach ist wahrscheinlich komplett übergelaufen mit Mitteilungen von Facebook. Und das krasseste Mittel, das Facebook hat, ist: Du wurdest in einem Foto markiert. Niemand kann dem widerstehen, weil jeder wissen will, ob er darauf aussieht wie ein Idiot. Sprich: Facebook weiß ganz genau, was sie machen müssen, um deine Aufmerksamkeit zu bekommen. Und nachdem du dich erstmal dran gewöhnt hast, jeden Tag mehrfach dort vorbeizuschauen, mussten die eigentlich gar nichts mehr machen. Selbst wenn du die Mitteilungen ausgeschaltet hast, hat Facebook dich schon am Haken und jetzt müssen sie dir nur noch jeden Tag ein bisschen Crack liefern. Hier einen Like, da einen Like und schon bleibst du bei der Stange und sie können deine Aufmerksamkeit schön an den Meistbietenden weiterverticken.

Angriff aus der Mem-Fabrik

Mem – das ist ein Wort, das seit Jahren umhergeistert. Was genau es bedeutet, wissen aber die wenigsten. Schauen wir uns mal an, wo es eigentlich herkommt. 1976 machte sich der britische Biologe Richard Dawkins daran, die Evolutionstheorie auf die Kulturgeschichte zu übertragen. Dabei suchte er nach einem Begriff für die kleinste kulturelle Einheit. Eine Einheit, die von Generation zu Generation weitergegeben wird, sich anpasst, mutiert oder zurückbildet, und so in einer wandelnden Umgebungen überlebt. Dafür erschuf er das Kunstwort „Meme", das sich aus dem altgriechischen „mimeme", also „nachahmen" und dem englischen „gene", also "Gen" zusammensetzt. Die Vererbung von Ideen durch Meme, also Träger kultureller Informationen, beschrieb er in seinem Buch „Das egoistische Gen".

Während sich das Wort in der Kulturtheorie nicht wirklich durchsetzte, erlebte es seine Renaissance um das Jahr

2000 – und zwar im Internet. Entsprechend verbinden die meisten mit dem Wort Bilder, auf denen ein Text drauf steht. Ja, diese Bildchen sind Meme. Aber es gibt eben auch noch andere. Trotzdem nehme ich jetzt mal so ein Bild, um es zu dekodieren und dadurch ein bisschen mehr Verständnis für die Wirkungsweise von einem Mem zu erzeugen. Die Frage ist nämlich nicht nur, was man auf den Bildern sieht. Viel spannender sind die kulturellen Codes, die sich dahinter verbergen.

Der erste Code steckt im Bildaufbau: Ein schnell zu erfassendes Bild und eine dicke Überschrift. Diese Kombination hat sich etabliert und galt schnell als Blaupause für viele weitere Internet-Meme. Stellen wir uns eine Katze im Anzug vor. Überschrift: „Schatz, ich komme heute später nach Hause." Dahinter stecken jede Menge Erfahrungen. Zum einen bestimmte Verhaltensweisen von Katzen. Zum anderen bestimmte Verhaltensweisen von Menschen in Anzügen und Krawatten. Auch der ist mit bestimmten Vorurteilen verbunden. Die Überschrift „Schatz, ich komme heute später nach Hause" entspricht auch einem Klischee, nämlich dem des Familienvaters, der auf Arbeit so unersetzlich ist, dass er eben nicht nur acht Stunden da ist, sondern viel, viel länger.

Aber natürlich trägt das Bild noch ganz viele andere kulturelle Normen in sich: Der Mann muss sich um seine Familie kümmern und nimmt dafür Entbehrungen in Kauf. Und gleichzeitig ist da die undankbare Familie. Dann steckt darin die Geschichte, dass die Arbeit wichtiger ist als die Familie. Und dass Männer und Frauen unterschiedliche Prioritäten setzen. Da ließe sich mit Sicherheit noch viel mehr rausholen. Was ich damit nur verdeutlichen wollte, ist, dass da viel mehr Botschaft drin steckt, als das, was da zu lesen steht. Im Grunde steht da ja nur, dass eine Person später zu einer anderen nach Hause kommt und dass da eine Beziehung besteht.

Schauen wir uns den zweiten Satz an: „Wir müssen wirklich den roten Punkt fangen". Auch da steckt sehr viel mehr drin, als der reine Wortsinn. Zum einen hat jeder direkt die Bilder im Kopf, wie eine Katze den Laserpointer verfolgt, obwohl es total sinnlos ist, weil sie ihn niemals fangen wird. Das ist an sich schon witzig anzuschauen und in diesem Bild wird es natürlich noch witziger, weil viele Menschen in ihrem Beruf dasselbe machen. Im Grunde genommen verfolgen sie auch nur einen unfangbaren roten Punkt, der von jemand anderem projiziert wird. Das war jetzt nur eine sehr, sehr oberflächliche Betrachtung von diesem Bild. Ich wette, dass da noch viel mehr kulturelle Ideen drin stecken.

Diese Vielschichtigkeit an Informationen steckt nicht nur in jedem Wort, das wir aussenden, sondern ebenso in unserer Gestik und Mimik. **Denn unser gesamter Informationsaustausch basiert darauf, dass wir uns gesellschaftlich auf bestimmte Codes geeinigt haben.** Selbst bestimmte Laute, die von uns als Wörter wahrgenommen werden und mit bestimmten Bildern verbunden sind, sind Meme. Es ist ja nicht naturgegeben, dass wir mit der Buchstabenreihenfolge, die das Wort „Katze" ergibt, ein bestimmtes Tier meinen. Wie sehr die Bedeutung dieser Informationsfetzen oder Meme mit der Kultur verwoben ist, merken wir schon an den verschiedenen Sprachen. Bei uns ist es eine Katze. Woanders ist es eine Cat oder Gato. Dasselbe gilt für bestimmte Verhaltensweisen, Gesten und Mimiken. Auch die sind teilweise kulturabhängig. Wobei es auch Verhaltensweisen gibt, die überall auf der Welt, bei Menschen wie Tieren, dasselbe bedeuten. Den Kopf senken, die Schultern hängen lassen und sich klein machen ist einfach immer und überall ein Zeichen für Unterwürfigkeit. „Ich akzeptiere deine Machtposition oder deine dominante Position." **Unsere gesamte Kultur setzt sich also aus diesen kleinen Informationshappen, aus den Memen, zusammen.**

Wie oben schon gesagt ist der Begriff Mem nicht nur bewusst an das Wort Gen angelehnt, sondern beinhaltet auch mimen, also nachahmen und memory, die Erinnerung. In seinem Buch „Das egoistische Gen" beschreibt Richard Dawkins, dass unsere Körper Transportvehikel für unsere Gene sind. **Wir werden also von unseren Genen genutzt, um sie weiterzutransportieren und zu vervielfältigen. Meme verhalten sich nach seiner Auffassung ähnlich. Sie nutzen uns Menschen zum einen als Wirt. Wir sichern ihre Existenz und sorgen dafür, dass sie erhalten bleiben.** Außerdem sorgen wir für ihre Reproduktion und Verbreitung, indem wir sie von Wirt zu Wirt weitergeben. Anders als Gene brauchen sie keine komplette Generation für ihre Verbreitung. Meme sind nach Dawkins Definition also eine eigenständige Lebensform.

Am Anfang der Menschheitsgeschichte haben sie sich nur extrem langsam verbreitet und auch nur innerhalb der Gruppen, in denen sie entstanden sind. Da sich die einzelnen über den Globus verteilten Gruppen nicht durchmischt haben, konnten es auch die Meme nicht. Selbst die Idee „Christentum" hat Jahrhunderte gebraucht, um sich in der Mittelmeerregion zu verbreiten. Je vernetzter die Menschen wurden, um so schneller und weiter konnten sich auch die Meme verbreiten. Klar, dass das Internet der reinste Mem-Katalysator ist. Mittlerweile können sich Ideen fast in Echtzeit überallhin verbreiten. **Die meisten Meme kommen aber nicht alleine. In dem Fall**

spricht man von Memplexen, also der Zusammensetzung verschiedener Memen. Eines der bekanntesten Beispiele dafür ist der Glaube an Jesus Christus. Er basiert auf den Bibeltexten. Aber da kommen noch etliche andere Elemente dazu. Zum Beispiel eine bestimmte Art von Gebäude. Oder das Ritual, jeden Sonntag in dieses Gebäude zu gehen. Das Teilen von Hostien und Wein. Das gemeinsame Singen ganz bestimmter Lieder. Die Selbstverständlichkeit, sich untereinander zu helfen. Aber natürlich auch Symbole wie das Kreuz oder der Fischaufkleber auf dem Auto.

Daran sieht man: Die Zusammensetzung von Ideen kann massive Auswirkungen auf das Verhalten von Gruppen und damit auch auf ihre Überlebenschancen haben. Das Christentum hat sich deshalb so verbreiten können, weil es zum einen jedem erlaubt hat, Teil davon zu werden. Anders als zum Beispiel das Judentum. Und zum anderen beinhaltet es eben die Prämisse, dass ein Christ den anderen unterstützt. Das hat die Gruppe gestärkt.

Man muss sich gar nicht die großen Gruppenzusammenschlüsse anschauen. **Auch Kleingruppen wie Familien operieren mit Memplexen.** In manchen Familien gilt die Annahme: „Egal was du machst, egal wie sehr du dich anstrengt: Am Ende wirst du sowieso über den Tisch gezogen. Es lohnt sich überhaupt nicht, etwas zu tun." Wer so aufwächst, macht diese Idee zur Grundlage seines Verhaltens. In anderen Familien gilt vielleicht: „Wenn du genug anderen Leuten hilfst, das zu bekommen, was sie wollen, dann bekommst du alles, was du haben möchtest." Jemand, der mit dieser Überzeugung aufwächst, der verhält sich natürlich ganz anders und sein Leben wird sich auch vollkommen anders entwickeln. **Diese Meme, die von unseren Eltern an uns vererbt werden, sind besonders schwer abzuschütteln.**

Du fragst dich bestimmt, warum ich dir das alles erzähle und was all das mit dem achtsamen Umgang mit deiner Aufmerksamkeit zu tun hat. Ganz einfach: Es ist ein wichtiger Werkzeugkasten, den man braucht, um seine eigene Aufmerksamkeit und die der anderen zu verstehen. **Nur wer weiß, dass diese Meme existieren, kann sie erkennen und dadurch eine erhöhte Aufmerksamkeit entwickeln, wann jemand versucht, eine Idee in seinen Kopf einzuschleusen.** Und es gibt einem die Möglichkeit, den eigenen Kopf nach Ideen zu durchsuchen und zu hinterfragen, welche für einen selbst nützlich sind und welche man längst hätte aussortieren sollen.

Kampf um deine Aufmerksamkeit (Mem-Kriege)

Es gibt Memplexe, die sind so alt und kommen uns so selbstverständlich vor, dass wir gar nicht mehr hinterfragen, dass da Dinge zusammenkommen, die gar nicht zwingend zusammengehören. Zum Beispiel gibt es jede Menge Zuordnungen von bestimmten Menschengruppen zu bestimmten Verhaltensweisen z.B. „Christen essen freitags Fisch." Das klingt jetzt erstmal total flach. Aber jeder von uns wird regelmäßig mit solchen Geschichten manipuliert. Jeder von uns hat sich schon mal für bestimmte Ereignisse in einer bestimmten Weise gekleidet. Einfach weil er nicht rausfallen wollte. Weil er nicht derjenige sein wollte, der in Bermudashorts auf einer Hochzeit auftaucht. Es scheint uns respektlos, wenn wir gegen eine solche Kleiderordnung verstoßen. Dass sich das irgendwann mal irgendwer ausgedacht hat, hinterfragen wir selten bis nie. Wir imitieren einfach das Verhalten der anderen. Und so setzt sich dann irgendwann durch, dass bestimmte Berufsgruppen eine bestimmte Kleidung tragen oder man bei Junggesellenabschieden immer das und das macht oder dass man an Weihnachten Kartoffelsalat und Würstchen isst. Dieses Prinzip wird auch im Marketing verwendet. **Man versucht in den Köpfen der Konsumenten eine Verknüpfung herzustellen, die sie irgendwann nicht mehr hinterfragen**: „Wer so und so ist, macht dies und das."

Marketing ist im Grunde nichts anderes als ein Krieg der Meme. Der einfachste Weg, jemandem etwas zu verkaufen ist es, das neue Produkt mit einem bereits etablierten Mem zu verknüpfen. Das funktioniert gut über Menschen, die etwas bestimmtes verkörpern. Die Grundannahme ist dann: Dieser Mensch steht für ein bestimmtes Thema und das finde ich gut. Und genau dieser Mensch macht etwas oder benutzt ein bestimmtes Produkt – dann

will ich dieses Produkt auch haben. **Man nimmt also etwas Bekanntes und Funktionierendes und verknüpft es
mit etwas Neuem.**

Deshalb sponsern so viele Unternehmen Sportler und
andere Persönlichkeiten. Sie nehmen also zum Beispiel
einen Fußballspieler. Da denken sich dann viele: Ach, den
mag ich ja. Der schießt so schöne Tore. Und diesen sym-
pathischen Fußballspieler lassen sie dann etwas über ein
völlig überteuertes Anlageprodukt erzählen. Wenn man
sich das genau betrachtet, ist es vollkommen absurd. Sind
Fußballspieler zwingend Experten in Dingen Geldanla-
ge? Wohl nur in Ausnahmefällen. Fußballspieler sind in
erster Linie Experten im Fußballspielen. Dennoch wird
uns ein Zusammenhang suggeriert. Erfolg im Sport wird
verknüpft mit Erfolg in der Altersvorsorge. Ganz einfach.
So simpel sind unsere Gehirne. Was hier passiert ist: Es
wird ein bisher noch nicht besetzter Bereich im Gehirn
mit etwas gefüllt. Man nutzt ein Vakuum für seine Ideen,
nämlich die Altersvorsorge. Der Fußballspieler ist quasi
das trojanische Pferd, mit dessen Hilfe die Altersvorsorge
ins Gehirn kommt.

Wer auch ein äußerst gut funktionierendes Mem geschaffen hat, ist Starbucks. Trinkt ein erfolgreicher Mit-
arbeiter eines Unternehmens einfach den kostenlosen Fil-
terkaffee aus der firmeneigenen Teeküche? Nein, macht er
natürlich nicht. Er holt sich seinen Kaffee bei Starbucks.
Starbucks hat es geschafft, in unserem Kopf zu etablie-

ren: „Ach, ich kann mir das doch leisten und außerdem habe ich es mir verdient." Aber auch das Gefühl von der kleinen Pause, die man sich zwischendrin mal erlaubt, das Zugeständnis an sich selbst, sich diesen kleinen Luxus zu gönnen, all das steckt in der Marke Starbucks.

Den größten Profit schlägt natürlich immer derjenige aus einem neuen Mem, der es zuerst besetzt hat. Derjenige hat ein Monopol darauf. Die Marke, der eine Persönlichkeitsänderung gelingt – man ist ja eine andere Person, wenn man jemand ist, der sich um seine Altersvorsorge kümmert, also eine neue Selbstidentifikation – wird immer der Maßstab für alle sein, die danach dieselbe Stelle bedienen wollen. Red Bull ist eines der bekanntesten Beispiele für das Erzeugen von solchen Kategorien. Vor Red Bull war die Idee des Extremperformers einfach nicht vorhanden. Und jetzt setzt sich jeder, der in dieser Kategorie ist, mit dem Produkt, mit dieser klebrigen, süßen Flüssigkeit auseinander.

Die nächste und schwierigste Stufe ist es, ein altes Mem zu bekämpfen und durch ein neues zu ersetzen. Ein aktuelles Beispiel, zumindest hier in Berlin, ist Veganismus. Einen passionierten Fleischesser überzeugt man nicht von jetzt auf gleich davon, sich vegan zu ernähren. Erst mal schaut man sich an, welche Vorurteile er überhaupt gegenüber veganen Nahrungsmitteln hat. Und dann fängt man an, eins nach dem anderen zu zerlegen. „Veganes Essen ist was für Kühe, aber mir schmeckt es einfach nicht", hört man zum Beispiel oft. Genau dieses Vorurteil wird gerade von einigen Herstellern veganer Produkte massivst aufgebrochen. Es gibt fleischlose Burger oder fleischlose Wurst, die geschmacklich nicht mehr von Fleischprodukten zu unterscheiden sind. Das sollte man bei seiner Überzeugungsarbeit aber nicht in den Vordergrund stellen. Mit „Hey, ich habe heute mal vegane Burger gemacht, willst du nicht doch mal probieren?", wird man nicht weit kommen. Geschickter ist es, einfach nur zu sagen: „Heute gibt's Burger." Und erst wenn der andere ohne Murren aufgegessen oder vielleicht sogar den Burger gelobt hat, lässt man die Katze aus dem Sack: „Ach übrigens: Der war fleischlos." So bricht man die Selbstwahrnehmung auf und stößt Denk- und Veränderungsprozesse an. Denn schließlich hat es ja geschmeckt und könnte eine ernstzunehmende Alternative zu Fleisch sein. Zumindest kann der Fleischfan es nicht mehr kategorisch ablehnen. Und so widerlegt man dann nach und nach auch die restlichen Vorbehalte. Erst wenn die Vorurteile aufgebrochen sind kommt man mit den Pro-Argumenten für vegane Ernährung.

Es ist zwar durchaus möglich, alte Vorurteile durch neue Vorurteile, beziehungsweise alte Meme durch neue Meme zu ersetzen, aber der Aufwand steht in den meisten Fällen nicht im Verhältnis zum Ergebnis. Zumindest nicht aus Marketingperspektive. Lukrativer ist, entweder schon bestehende Dinge zu verknüpfen oder schwarze Löcher mit neuen Informationen zu füllen.

VORSICHT!!!
Diese Meme stehlen deine Aufmerksamkeit

Es gibt Narrative, die die Überlebenschance von ganzen Stämmen erhöhen und andere, die darauf keinen oder kaum einen Einfluss haben. Natürlich sind es erstere, die sich durchsetzen und entsprechend schnell verbreiten. In dem Buch „Virus of the mind" von Richard Brodie werden diese Erfolgs-Meme in drei einleuchtende Kategorien unterteilt: primäre Meme; sekundäre Meme; und sexistische Meme.

Meme			
Primäre	Sekundäre	Sexistische	
• Gefahren • Krisen • Probleme • Chancen • Missionen	• Fürsorge • Besser sein • Dazu gehören • Bestätigung • Autoritäten unterordnen	Bei Männern: • Macht • Dominanz • Jetzt oder nie	Bei Frauen: • Sicherheit • Verbindlichkeit • Investition

Primäre Meme sind diejenigen, die die Chance auf das eigene Überleben steigern. Das funktioniert mit positiven Memen ebenso wie mit negativen. Fangen wir mal mit den negativen an. Da gibt es zum einen **die Gefahr.** „Achtung, da ist ein Säbelzahntiger, der will uns alle fressen!" Wer das ignoriert hat, wurde eben gefressen. Dann gibt es noch die **Krise.** Wenn man zum Beispiel immer weiter laufen muss, um ein neues Gnu zum Jagen zu finden, ist es wichtig, dass man das ernst nimmt und diese Information verbreitet, um eine Lösung zu finden. Die kleine Schwester der Krise ist **das Problem**. Das können so einfache Sachen sein wie: Wenn wir die ganzen Essensreste bei uns in der Höhle liegen lassen, dann fängt es an zu stinken und das wiederum lockt die Ratten an.

Kommen wir zu den positiven primären Memen. Da gibt es **die Chance**. Das kann ein bereits verletztes Mammut sein, das den Impuls auslöst, schnell zu handeln, weil man so leicht zu einem Nahrungsvorrat für eine lange Zeit kommt. Von **einer Mission** spricht man, wenn es darum geht, gemeinsam etwas zu erreichen. Ein Loch zu graben, in dem man Mammut-Fleisch lagern kann, damit es sich länger hält, ist zum Beispiel eine Mission. Dazu musste man die Kräfte aller Stammesmitglieder bündeln. Durch die Verbreitung solcher Ideen hat man die Überlebensdauer eines Stammes erhöht.

Während es bei den primären Memen vor allem um Geschichten geht, die für jeden Einzelnen wichtig sind, geht es bei den sekundären Memen mehr darum, das soziale Gefüge einer Gruppe und den Zusammenhalt zu stärken. So ist es zum Beispiel wertvoll für die Gruppe, **die Fürsorge** für andere Gruppenmitglieder als Geschichte zu verbreiten.

Ein weiteres sekundäres Mem ist die Abgrenzung „Wir und die anderen". Teil dieses Mems ist es natürlich, dass „wir" immer **besser** sind als „die anderen". Folgerichtig möchte man lieber Teil des Wir sein, denn wer spielt schon gerne im Team der klar unterlegenen Mannschaft.

Das sorgt dafür, dass sich alle einbringen, um den Vorsprung zu wahren. **Dazuzugehören** ist ebenfalls Teil dieses Mems.

Und dann verbreiten wir natürlich gerne Geschichten, die unsere eigenen Ansichten untermauern. Wenn man einem Feind begegnet, laut schreiend auf ihn zugerannt ist und ihn so in die Flucht geschlagen hat, **möchte man natürlich eine Bestätigung für die Richtigkeit seines Handelns.** Also verbreitet man diese Geschichte. Die Anerkennung trägt dazu bei, dem Mitglied einen festen Platz in der Gruppe zu sichern.

Ebenfalls wichtig für die Struktur und Harmonie einer Gruppe ist das Mem der **Unterordnung unter Autoritäten.** Es hat sich einfach als effektiv herausgestellt, dass einer sagt, wo es langgeht und was wie gemacht wird, während sich die anderen um die Umsetzung kümmern. Würde jeder Anweisungen gegeben – und zwar jeder mit einer anderen Überzeugung, wie auf ein Problem zu reagieren ist –, hätte ein Stamm vermutlich nicht lange überlebt. Insofern hat sich das Narrativ des Recht des Stärkeren durchgesetzt. Und der Einzelne tat gut daran, sich daran zu halten. Dieses Mem verbreiten wir bis heute.

Zum Beispiel hat die Meinung von Wissenschaftlern einen hohen Stellenwert für uns. Und Geschichten darüber, was der Chef gemacht oder gesagt hat und warum das richtig war, kennt jeder von uns zur Genüge.

Kommen wir jetzt **zu den sexistischen Memen. Das sind Meme, die anders aufgenommen werden, je nachdem, ob sie auf einen Mann oder eine Frau treffen.** Das setzt natürlich die – für manchen vielleicht provokante – Annahme voraus, dass Männer und Frauen nicht gleich sind.

Wenn ihr mir an der Stelle widersprechen wollt, könnt ihr das natürlich gerne tun. Schickt mir einfach eine Mail an no-reply@istmiregal.com.

Ich jedenfalls behaupte: **Männer und Frauen sind nicht gleich. Der größte Unterschied zwischen den beiden Geschlechtern ist: Frauen können schwanger werden, Männer nicht.** Und das heißt: Während es für einen Mann möglich ist, sich in nur wenigen Minuten fortzupflanzen, betragen die Zeitkosten bei einer Frau mindestens neun Monate, in den allermeisten Fällen sogar deutlich mehr. Allein aus diesem Grund gelten bei Männern und Frauen, gerade wenn es um Fortpflanzung geht, unterschiedliche Strategien. Was dazu führt, dass sich manche Geschichten bei Männern und Frauen unterschiedlich gut verbreiten. **Frauen können die Überlebenschancen ihres Nachwuchses steigern, indem sie einen Mann finden, der sich auch um den Nachkommen kümmert und nicht direkt wieder wegrennt, um die Nächste zu schwängern.** Darum sind sie sehr empfänglich für Signale, von denen sich **Sicherheit** und **Verlässlichkeit** ableiten lassen. Sie beobachten genau, ob der Mann bereit ist zu **investieren.** Das lässt sich auch im Tierreich beobachten.

Es gibt Vögel, die besonders schöne und aufwändige Nester bauen. Das ist natürlich nicht effizient. Das ist Energieverschwendung. Aber gerade diese Energieverschwendung ist ein Signal für den weiblichen Vogel. Denn von solchen Nestern baut man nicht mal eben 200 weitere.

Im Gegensatz dazu war es für Männer die beste Strategie, möglichst viele Nachkommen zu zeugen. Denn selbst wenn die Überlebenschancen für das einzelne Kind kleiner sind, wenn man die Mutter verlässt, so ist doch insgesamt die Überlebenschance für die Gesamtheit der Kinder größer, wenn man 10, 20 oder 30 Nachkommen zeugt. Der eine oder andere wird schon überleben. Aus diesem Grund springen Männer auch heute noch darauf an, wenn sich ihnen die Möglichkeit bietet, genau das zu tun (nur dass sie es in der Regel tunlichst vermeiden, dabei 20-30 Kinder zu zeugen). Eine große Rolle spielt dabei das **Streben nach Macht und Dominanz.** Denn die dominanten Männchen durften früher mit vielen Frauen schlafen, während die anderen meist gar keine Kinder in die Welt setzen durften. Ebenfalls wichtig für Männer ist die Gelegenheit. Denn manchmal gelang es auch den nicht dominanten Männchen, ein Weibchen zu überzeugen und Nachkommen in die Welt zu setzen. Das heißt, diese Chancen waren selten und deshalb funktioniert bei Männern noch immer das „**jetzt oder nie**". Das funktioniert bei Frauen nicht so gut, weil die ja eher auf Beständigkeit als auf Reproduktion um jeden Preis aus sind.

So kannst du dich gegen Meme wehren

Riesige Internetkonzerne bedrohen das Wertvollste, das wir haben: unsere Aufmerksamkeit. Ein **Insider** verrät dir, wie du **dich und deine Familie schützen** und wie du **diese Tricks** nutzen kannst, um dich **gegen die Konkurrenz durchzusetzen.** Lies dieses Buch sofort, **bevor es die Mächtigen verbieten.**

Na? Wenn du die letzten Seiten aufmerksam gelesen hast, müssten eben bei dir alle Alarmglocken angegangen sein. Nichts weniger ist meine Absicht mit diesem Buch: Dich zu sensibilisieren. Hinterfrage die Meme, mit denen du den ganzen Tag konfrontiert wirst und setz dich bewusst mit ihnen auseinander. Lass niemanden Knöpfe in deinem Kopf drücken, ohne, dass du diese Knöpfe für ihn freigibst. Beobachte dich selbst. Warum bist du an irgendwas hängengeblieben? Was genau daran hat deine Aufmerksamkeit auf sich gezogen? Warum wolltest du mehr darüber wissen?

Und dann solltest du überlegen: Kannst du dieser Quelle überhaupt trauen? Oder versucht sie dich ganz bewusst zu manipulieren, deine Schwächen auszunutzen? Und wäre es nicht besser, wenn du mehr Distanz schaffst, indem du zum Beispiel auf unfollow klickst, die Zeitung nicht mehr abonnierst, die Webseite nicht mehr besuchst oder einfach dem Algorithmus sagst, dass es dich nicht interessiert? Überleg dir, was du mit all der Zeit anfangen könntest, die du dadurch gewinnen würdest.

Kuratiere dein Leben

Jetzt die gute Nachricht: **Du kannst deine Aufmerksamkeit kuratieren.** Es gibt sehr einfache Methoden, dich selbst daran zu hindern, auf Facebook oder YouTube zu gehen. Und das sage ich nicht als jemand, für den das noch nie ein Problem war. Ich habe auch schon jede Menge Lebenszeit an YouTube verschenkt. Ich muss einfach auf YouTube gehen, weil es für mich die schönste Ablenkung und die beste Informationsquelle ist. Und ab und zu passiert es mir dann eben, dass ich in irgendwelche Aufmerksamkeitsfallen reintrete. Ein Beispiel: Ich habe mir eine Drohne bestellt. Und natürlich habe ich mir jeden Testbericht über diese Drohne angeguckt, den ich finden konnte. Nach dem fünften Testbericht habe ich gemerkt: Ist ja im Grunde genommen alles dasselbe. Da kommt nichts Neues mehr. Aber trotzdem konnte ich einfach nicht widerstehen. Wenn noch ein Bericht zu sehen war, habe ich auf play gedrückt.

Wahrscheinlich geht es dir ähnlich, dass du mal mit irgendeiner Art Video angefangen hast und dann wird immer mehr zu dem Thema angezeigt und noch mehr und noch sehr viel mehr. **Überprüfe dich selbst nach jedem dieser Videos. Hat es dir etwas gebracht? Oder bist du jetzt jetzt eher frustriert?** Hinterlässt das Video bei dir Spuren, die dich erfüllen, oder einfach nur Leere? Wenn du merkst, dass du aus dem letzten Video im Grunde keinerlei Nutzen gezogen hast, dann solltest du daraus Konsequenzen ziehen, um nicht noch mehr Zeit mit Videos dieser Art zu verschwenden. **Oben rechts bei YouTube ist ein kleiner Button mit Punkten darauf.** **Da findest du die Möglichkeit zu sagen „Interessiert mich nicht".** Ist zwar gelogen, aber das ist ja vollkommen egal. Der Algorithmus spuckt dir dann einfach weniger dieser Inhalte aus. Es ist deine Entscheidung, ob du mehr oder weniger von etwas sehen willst. Mach Gebrauch davon.

Das ist ein bisschen wie beim Einkaufen. Wenn ich Mini-Schokoküsse kaufe, dann esse ich die auch. Und zwar ziemlich schnell. Und die haben viele Kalorien. Damit kann man schnell zunehmen über die Zeit. Wie schaffe ich es also weniger davon zu essen? Ich kaufe einfach keine mehr. Wenn sie nicht bei mir zu Hause in der Speisekammer liegen, dann kostet es mich auch keine Willensstärke, sie nicht zu essen. Dann liegen da eben nur Äpfel rum. Die esse ich dann stattdessen. Ist ja eigentlich genauso gut. Zumindest habe ich noch nie, wenn ich einen Apfel gegessen habe, gedacht: Ach, eine Schachtel Schokoküsse wäre jetzt aber besser. Im Gegenteil. Ich war dann immer froh, dass nur die Äpfel da waren. Und genauso ist es auch mit diesen Inhalten. **Wenn du weißt, dass dir manche Inhalte nicht gut tun, dann sorge einfach dafür, dass du keine davon zu Hause hast.**

Die „Interessiert mich nicht"-Option gibt es übrigens auch bei Facebook. Da kann man Unerwünschtes einfach verbergen. Allerdings bekommst du da ohnehin weniger willkürlichen Content gezeigt. Irgendwann hast du dieses ganze Zeugs mal abonniert. Und zwar nicht nur Webseiten, sondern auch Leute, die diese Webseiten teilen. Interessiert dich nicht mehr? Dann einfach den entsprechenden Kanal deabonnieren. Eine Seite loszuwerden ist relativ leicht. Man muss es nur machen. **Wenn du Freunde hast, die immer wieder Quatsch posten oder vielleicht auch Sachen, die dich eigentlich interessieren, dir aber nicht gut tun, dann kannst du sie einfach stumm schalten** und schon siehst du ihre Posts nicht mehr. So sparst du gleich doppelt: Zum einen die Zeit, die du brauchen würdest, um es dir anzusehen. Zum anderen die Zeit, die du brauchen würdest, um dich darüber aufzuregen. Manchmal ist die Versuchung groß, auf Seiten zu klicken, die einem Zeit und Laune rauben. Widersteh der Versuchung. Zumindest so oft wie möglich. Und ganz, ganz wichtig: **Wenn dich etwas ärgert, wenn du was nicht sehen willst, dann kommentiere es auf gar keinen Fall, mach keinen Daumen nach unten und reagiere auch sonst nicht darauf. Facebook ist es vollkommen egal, ob es dir gut oder schlecht geht. Das einzige, worum es Facebook geht, ist deine Aufmerksamkeit. Und wenn sie wissen, dass sie dich mit negativen Informationen schneller kriegen, dann kriegst du mehr davon.** Du entscheidest selbst, was Facebook dir zeigt, indem du darauf reagierst – oder eben nicht. Bevor du dich darüber aufregst: Scroll einfach darüber hinweg. Oder noch besser: Mach Facebook gar nicht erst auf.

Was auch großes Suchtpotential birgt, sind Nachrichten und Börsenkurse. Es gibt viele Leute, die vielleicht immun gegen Facebook sind, sich aber dann auf Spiegel Online oder ähnlichen Seiten angucken: Was ist denn gerade passiert? **Die Wahrheit ist: Es ist so gut wie gar nichts passiert. Da ist einfach nur ein Haufen von Nachrichten, die darauf optimiert sind, dass sie Klicks generieren, weil die Seiten nur so Geld mit dir machen können.** Du verschwendest einfach nur eine Menge Zeit, um Dinge zu erfahren, die sich nach einem halben Jahr auf jeden Fall als vollkommen nutzlos herausstellen. Genau dasselbe passiert auch mit Börsenkursen. Das ist ein anderes Thema. **Ob jetzt Börse oder Crypto** ist eigentlich vollkommen egal. Aber ganz, ganz viele Leute laden diese Seiten mehrfach täglich, um zu gucken, was da am Markt passiert ist. Aber die Wahrheit ist doch: **Wenn du nicht aktiv Daytrading machst und professioneller Händler bist, dann kann dir völlig egal sein, was da passiert.** Dann reicht es doch vollkommen aus, wenn du das einmal in der Woche oder einmal im Monat anschaust. Von daher: Auch da ist es wichtig, dass du dich selbst davon abhältst, dich mit diesen Inhalten zu beschäftigen. Der einfachste Weg ist, dass du die Seite für dich selbst sperrst. Oder du legst in deinem Browser fest, dass du sie nur fünf Minuten pro Tag besuchen darfst. Die passende App dazu findest auf aufmerksamkeitshacker.de/bonus

Ebenfalls **unglaublich geschickte Aufmerksamkeits-räuber sind WhatsApp-Gruppen** oder eben Gruppen in irgendwelchen anderen Chattools. Da hagelt es auch unaufhörlich Nachrichten, die keiner braucht. **Die einfachste Methode damit umzugehen ist, dass man diese Tools erst einmal auf stumm schaltet.** Es ist auch möglich nur einzelne Gruppen stumm zu schalten. Dann kann man sich einmal am Tag den ganzen Chatverlauf angucken. Wenn man das überhaupt noch will, meist findet man dort 200 Nachrichten vor, in denen es darum geht, wer was zum Mittagessen hatte. **Das ist so ziemlich das Schlimmste, was man seiner Aufmerksamkeit antun kann, wenn deswegen permanent das Handy vibriert und andauernd den Blick auf das Display zieht.** Es ist völlig in Ordnung, wenn du in solchen Gruppen vorschlägst, einen zweiten Kanal aufzumachen, in dem es ausschließlich um wichtige Dinge geht.

Wenn du in einem Firmenchat bist, der dauernd durchläuft, in dem jeder kleine Pups kommentiert wird, ist es ziemlich zeitaufwendig, die für dich wichtigen Nachrichten rauszufiltern. Das ist eine Kulturfrage. Und die kriegt man am besten in den Griff, indem man das Thema anspricht. Du kannst davon ausgehen, dass es nicht nur dir auf die Nerven geht, sondern dass maximal 20 Prozent an dieser Dauerbeschallung interessiert sind, während die anderen 80 Prozent froh sind, wenn sie ihre Ruhe haben und nur dann angepiepst werden, wenn es was Wichtiges gibt.

Kuration für Fortgeschrittene

Das waren jetzt die Stellen, an denen du sehr einfach Zeitfresser minimieren kannst. Du kannst aber natürlich noch einen Schritt weiter gehen und dein Umfeld kuratieren. Harte Variante: Sag Menschen, die dich nerven, einfach mal, dass sie dich nerven. Softe Variante: Ignoriere ihre Nachrichten oder lass zumindest ein bisschen Zeit vergehen, bevor du antwortest.

Was passiert nämlich, wenn du sofort antwortest? Du erhöhst den Anreiz, immer erst mal dir zu schreiben. Du kannst dir sicher sein: Menschen, die mit den immer selben Problemen nerven, nerven nicht nur dich damit. Und derjenige, der zuerst reagiert, wird dann zu demjenigen, der zuerst angeschrieben wird. Also: Lass anderen den Vortritt. Stell klare Regeln auf. Kommuniziere, dass du Nachrichten nur einmal am Tag beantwortest. Das ist völlig legitim. Damit gibst du eine klare Regel vor und wer darauf keine Lust hat, kann sich ja bei einem anderen melden. Meist hält das solche Menschen davon ab, dich als Kummerkasten Nummer eins zu missbrauchen, weil das solche Menschen sind, die sofort Aufmerksamkeit einfordern. Und wenn sie die nicht von dir bekommen, suchen sie sich von ganz alleine einen anderen.

Kommunikationsregeln sind allerdings nicht nur bei Nervensägen von Vorteil. Es ist sehr sinnvoll, auch seinem restlichen Umfeld klare Regeln zu setzen. Dadurch können sich die Leute darauf einstellen und sind dann auch nicht enttäuscht, wenn du dich an deine eigenen Regeln hältst. Auf diese Weise lässt sich dein Umfeld ziemlich gut kuratieren. Eine meiner Regeln lautet zum Beispiel: Ich höre keine ewig langen Sprachnachrichten ab, in denen meist sowieso zehnmal dasselbe gesagt wird. Wer mir ein Stichwort dazu schreibt, worum es in seiner Nachricht geht, erhöht die Wahrscheinlichkeit, dass ich sie abhöre. Aber in der Regel bin ich schmerzfrei und antworte auf mehrminütige Sprachnachrichten nur, dass ich sie nicht abhören werde. Du bist nicht verpflichtet, anderen Leuten deine Zeit zu opfern, nur weil sie nicht in der Lage sind, sich kurz zu fassen. Und es ist absolut okay, wenn du den Leuten das auch sagst.

Das findest du respektlos den anderen gegenüber? Nein. Respektlos ist es, anderen Menschen Sprachnachrichten von sechs Minuten zu schicken, in denen man dreimal dasselbe sagt. Und falls du kooperativer veranlagt bist, kannst du ihnen auch sagen: Ich verstehe, dass du nicht schreiben möchtest. Wie wäre es, wenn du die Diktierfunktion deines Telefons verwendest und den Text von Siri schreiben lässt. Wenn dein Gegenüber erstmal merkt, welche Inhaltlichen Umwege er da fabriziert hat, wird er meist alleine auf die Idee kommen, die Texte zu sortieren.

Mentale Hygiene

Seine eigene Timeline und seinen Bekanntenkreis zu kuratieren, Meme zu erkennen und nicht auf sie hereinzufallen, seine Aufmerksamkeit niemandem zu geben, der sie nicht wirklich verdient hat, das sind die schwierigsten Herausforderungen im Aufmerksamkeitsspiel. Wer sie aber meistert, wird mit mentaler Klarheit belohnt. Das ist eine der hochwertigsten Karten in diesem Spiel. Es gibt viele unterschiedliche Wege, sie zu bekommen. Ein paar davon will ich dir hier zeigen. **Denn so wie man sich regelmäßig die Fingernägel schneidet, damit sich darunter kein Dreck ansammelt oder täglich seine Zähne putzt, sollte man auch im mentalen Bereich auf Ordnung und Sauberkeit achten.** Mentale Hygiene führt zu mentaler Gesundheit genau die ist es, um die es in diesem Buch geht.

Ein hinterlistiger Gegner in diesem Spiel ist dein Handy. Domestiziere es! Fang damit an, dass du sämtliche Mitteilungen ausschaltest. Und dann schalte es auf stumm. Es ist doch so: Wenn du auf eine wirklich wichtige Nachricht wartest, dann guckst du sowieso andauernd auf das Display. In dem Fall ist das auch völlig legitim und sinnvoll. In allen anderen Fällen nicht. Dann ist es völlige Ressourcenverschwendung, wenn die ganze Zeit das Gerät vibriert und piepst. Ein guter Zwischenweg ist es, die Nachrichten geräuschlos auf dem Display anzeigen zu lassen.

Im nächsten Schritt machst du genau das mit deinen Telefonaten. **Es gibt sehr selten einen Grund, warum ein Telefonat sofort geführt werden muss.** Die meisten Gespräche kann man genauso gut in ein paar Stunden oder am nächsten Tag führen. Das iPhone hat dafür eine tolle Einstellung, den „nicht stören"-Modus. Da kann man einstellen, dass diejenigen, die innerhalb von zwei Minuten zweimal anrufen durchgestellt werden. Allerdings nur die. Diese Einstellung verrätst du natürlich nur Menschen, deren Zugriff auf deine Aufmerksamkeit für dich wichtig ist. Aber auch denen sagst du, dass sie davon nur Gebrauch machen sollen, wenn es wirklich wichtig ist. In allen anderen Fällen sollen sie nur einmal anrufen und du meldest dich zurück, sobald du Zeit dafür hast. Halte den Kreis derer, die das wissen, so klein wie möglich.

Ich habe einige Geschäftspartner, die das so machen. Bei denen weiß ich, dass sie immer im „nicht stören"-Modus sind. Da rufe ich nur dann zweimal direkt hintereinander an, wenn man sich treffen will und sofort etwas koordinieren muss. Situationen, die so dringend sind, dass ich jemanden sofort erreichen muss, gibt es aber wenige. Effektiv ist es auch, einfach eine Textnachricht mit einem Terminvorschlag für ein Telefonat zu schicken. Sowieso ist es oft sinnvoller, zehn Minuten zu telefonieren statt unzählige Nachrichten hin- und herzuschicken. Welcher Kommunikationskanal der geeignetste ist, musst du aber von Situation zu Situation selbst entscheiden. **Hauptsache du hörst auf, anderen Blankovollmachten für deine Aufmerksamkeit zu geben.**

Eine weitere Aufmerksamkeitsfalle, in die viele hineintappen, sind Newsletter. Mal ehrlich, wann hast du dir das letzte Mal gedacht: Wow, dieser Newsletter ist super. Auch da gibt es einen ziemlich einfachen Trick: Leg dir mehrere E-Mail-Adressen an. Eine für Newsletter, eine zweite für zum Beispiel deine Bank und eine dritte, die du für tägliche Kommunikation verwendest. Bei Googlemail gibt es dafür eine sehr sinnvolle und einfache Lösung: Zwischen E-Mailadresse und @-Zeichen kannst du ein „+" und ein zusätzliches Wort einfügen. Also zum Beispiel meinname+meinebank@gmail.com. Danach richtest du dir in deinem Postfach einen Filter ein, damit diese Mails nicht im regulären Account erscheinen, sondern direkt in einem Unterordner abgelegt werden. Dadurch gibst du den Nachrichten nicht sofort, wenn sie kommen, Aufmerksamkeit, sondern erst dann, wenn du die Zeit dafür hast. Bei E-Mails ist es dasselbe wie bei Telefonaten: Wann bekommt man schon mal eine, die unbedingt innerhalb eines Tages beantwortet werden muss? Klar, Newsletter suggerieren natürlich immer, dass man genau jetzt reagieren muss, weil die Chance sonst nie wieder kommt. Dabei wird nur der Stress erhöht – und mit ihm die Verkaufszahlen. Wenn du die Mail sofort liest, lässt du dich vielleicht dazu hinreißen, irgendetwas zu bestellen oder zu abonnieren. Wenn du die Mail erst ein paar Tage später liest, denkst du vielleicht: Na ja, hätte ich sowieso nicht gebraucht.

Das gilt nicht nur für die elektronische Form von Post, sondern auch für deren ältere Schwester, die Analogpost, also Werbebriefe, Zeitungen, Zeitschriften und Prospekte. Hinterfrage alles, was du abonniert hast. Liest du es wirklich? Ziehst du irgendeinen Mehrwert daraus? Oder ist es im Grunde nur Papiermüll, in den du selten reinschaust? Dann kündige das Abo. Ungefragt zugestellte Werbepost kann man leider nicht abstellen. Aber du kannst verhindern, doch an einem Angebot oder einer Schlagzeile hängenzubleiben, wenn du das Papier ungeöffnet und unbesehen dem Mülleimer übergibst, statt es erst einmal mit in deine Wohnung zu nehmen. Denn solche Post ist voll von Memen und Triggern und die Absender sind darauf spezialisiert, Bedürfnisse bei dir zu wecken, die du gar nicht hast. Vor allem aber klauen sie dir Lebenszeit.

Damit du das nicht vergisst, habe ich dir einen kleinen Spickzettel gemacht, den du dir runterladen kannst aufmerksamkeitshacker.de/bonus Schau einfach alle paar Monate mal drauf um dir wieder ins Gedächtnis zu rufen, welche Knöpfe da gedrückt werden. Und beobachte dich selbst, auf welche Knöpfe du besonders stark reagierst. Und hinterfrage, warum das so ist.

Wenn du das Thema vertiefen willst, empfehle ich „Digital Minimalism" von Cal Newport und „Indistractable" von Nir Eyal zu lesen.

Kuratoren finden

Eine Strategie, die mir immer sehr bei meiner mentalen Hygiene hilft, ist es, mir Kuratoren zu suchen. Warum sollte ich ungefiltert alles auf mich einprasseln lassen, wenn es Menschen gibt, die für mich schon einmal eine Vorauswahl treffen? Natürlich musst du dazu Menschen finden, deren Meinung du über weite Strecken teilst oder zumindest schätzt. Du brauchst auch nicht einen Universalgelehrten. Such dir für jedes Thema, das dich interessiert, einen anderen Kurator. Kuratoren sind die Menschen, die ich abonniert habe.

Ich beschäftige mich mit sehr vielen Themen. Aber gerade, weil mein Interesse so breit gefächert ist, kratze ich oft nur an der Oberfläche. Also suche ich mir für jedes dieser Themen Experten, die sich intensiv damit beschäftigen. Ich habe aber auch ganz bewusst ein paar Leute abonniert, die eine gegenteilige Meinung zu mir haben. Das mache ich deshalb, weil ich mehrere Perspektiven einnehmen möchte und nicht nur das, was ich sowieso schon denke, bestätigt haben will. Ich will diese anderen Meinungen hören, um mich dann bewusst – und nicht aus Prinzip, Faulheit oder Unwissenheit – dagegen zu entscheiden. Ober mich von meiner Position abbringen zu lassen. Würde ich das nicht machen, wäre ich in meiner eigenen Filterblase gefangen.

Wichtig für deinen Hinterkopf bei der Suche nach Kuratoren ist allerdings, dass Menschen, die auf ihrem Gebiet populär sind, häufig sehr krasse Thesen vertreten. Zum Beispiel: „Die Aktienkurse werden ins Unendliche fallen" oder „Die Aktienkurse werden so durch die Decke gehen, wie noch nie." **Lass dich davon nicht blenden! Schau dir einfach mal an, was derjenige vor zwei Jahren behauptet hat. Aus heutiger Sicht kannst du ja beurteilen, ob er damit Recht hatte oder nicht.** Wenn dir dabei auffällt, dass derjenige mit seinen Prognosen meist völlig daneben lag, kannst du dir ziemlich sicher sein, dass das heute immer noch so ist. So jemanden macht man natürlich nicht zu seinem Kurator. Das Tolle am Internet ist ja: Selbst wenn die Artikel mit den Fehleinschätzungen mittlerweile gelöscht wurden, lassen sie sich immer noch finden. Wayback-Maschine heißt das Zauberwort. Damit kannst du dir anzeigen lassen, wie die Website vor ein paar Jahren ausgesehen hat.

Und dann habe ich noch eine Methode: Ich höre mir relativ viele Podcasts an. Und wenn ich merke, dass ein Thema bei drei verschiedenen Podcasts, die vielleicht sogar noch aus verschiedenen Umfeldern kommen, aufpoppt, dann beschäftige ich mich separat mit diesem Thema. Denn dann scheint es eine gewisse Relevanz zu haben.

Bei Büchern schaue ich mir oft an, über welchen Zeitraum sie in bestimmten Kreisen erwähnt werden, wie lange sie auf Bestsellerlisten waren oder wie nachhaltig sie die Buchcharts gestürmt haben. Das sagt oft viel über ihre Relevanz aus. Zumindest bei Büchern, die schon lange auf dem Markt sind. Neuerscheinungen können durchaus einen kurzen Hype auslösen. Aber ein paar Monate später spricht vielleicht schon niemand mehr darüber. **Wenn** ich zwei Bücher zu einem Thema habe und das eine Buch ist älter und das andere ziemlich neu, dann würde ich im Zweifelsfall immer das ältere Buch bevorzugen. Weil es alleine dadurch, dass es noch erhältlich ist, bewiesen hat, dass es über einen sehr langen Zeitraum relevant geblieben ist. Gute Beispiele dafür sind „Denke nach und werde reich" von Napoleon Hill oder „Wie man Freunde gewinnt: Die Kunst, beliebt und einflussreich zu werden" von Dale Carnegie. Das sind Bücher, die zu Klassikern geworden sind. Obwohl sie fast hundert Jahre alt sind, haben sie kaum was an Aktualität eingebüßt. Das lässt sich nicht vergleichen mit irgendwelchen Neuerscheinungen aus dem letzten Herbst. Man könnte also sagen: Die Zeit ist auch ein super Kurator für Inhalte.

Erschaffe deine eigene Realität

Manche nennen es „The Secret", andere sprechen vom „Gesetz der Anziehung" oder vom „Manifestieren". Ganz grob zusammengefasst sagen diese Prinzipien alle: **„Du kannst alles bekommen was du willst, wenn du es dir nur gut genug vorstellst."** Am besten stellt man sich ein Vision-Board auf. Da kann man zum Beispiel Fotos von sich selbst ausschneiden und in einen Ferrari kleben, der auf einer Yacht parkt. Du merkst vielleicht, ich übertreibe hier. Für mich ist das Hokuspokus, aber ich bin trotzdem davon überzeugt, dass diese Methoden funktionieren. Das hat aber nichts damit zu tun, dass das Universum deine Schwingungen aufnimmt und dir dann gibt, was du dir gewünscht hast. Du musst es dir schon selbst geben. Und das funktioniert so: **Jeden Tag sehen wir Millionen Informationen, von denen wir die meisten einfach ignorieren und sofort wieder vergessen. Wir treffen tausende kleine Entscheidungen.** Was wir essen, welche Plakate wir lesen, ob wir die Treppe nehmen oder die Rolltreppe, ob wir auf der Rolltreppe stehen oder gehen. **All diese kleinen Entscheidungen werden zu unserem Leben. Wenn wir uns jetzt aber hinsetzen und uns überlegen, was wir vom Universum haben möchten, dann geben wir unserem Gehirn eine Anweisung, worauf es seine Aufmerksamkeit fokussieren soll.** Und diese kleine Einstellung sorgt dann dafür, dass wir Flyer anders lesen, unseren Mitmenschen anders zuhören, andere Bücher lesen, uns für andere Jobs bewerben, uns mit anderen Menschen umgeben … All diese kleinen Entscheidungen sorgen am Ende dafür, dass wir unserem Ziel näherkommen.

Für mich hat das schon oft funktioniert:

Ich wollte zum Fernsehen: Ich habe Medien-Design studiert, bei jedem Studentenfilm geholfen, den ich finden konnte und als ich keine Lust mehr auf Fernsehen hatte, bin ich bei der ARD gelandet.

Ich wollte zu einer TED Konferenz: Ich habe eine TEDx organisiert und ein Scheich hat mich und 700 andere TEDx-Organisatoren danach zur TED nach Doha eingeladen.

Ich wollte in Immobilien investieren: Ich bin bei immocation (größtes Ausbildungsunternehmen in diesem Bereich) gelandet.

Probier es aus.

„Wer spielen muss, kann nicht spielen."

James P. Carse, Finite and Infinite Games 1987

Kapitel 7

Abschließende Tipps

Achtsame Ignoranz

Ich fasse noch einmal zusammen: **Es gibt zwei Arten von Aufmerksamkeit. Einmal die, die wir selbst geben. Und einmal die, die wir bekommen.** Es ist viel leichter, erst einmal die eigene Aufmerksamkeit, also die, die wir geben, unter Kontrolle zu bekommen. Sie zu schützen und sie ganz bewusst so einzusetzen, wie, wann und für wen oder was du willst, ist das erste Spielziel. Das solltest du nicht aus den Augen verlieren. Losgelöst von der Aufmerksamkeit, die wir bekommen, kann man sie aber nicht betrachten. Denn schließlich geht es auch darum, Aufmerksamkeitspunkte zu sammeln. Davon kann und soll sich keiner freimachen. Allerdings ist es wichtig, sich vor Aufmerksamkeitsnieten zu schützen. Ein Post auf Instagram, von dem wir denken, dass er doch eigentlich unglaublich viele Likes bekommen müsste und nach dem wir dauernd schauen ist eine solche Niete. Wir wollen Aufmerksamkeit von anderen bekommen – merken aber nicht, dass genau dadurch unsere eigene Aufmerksamkeit abgezogen wird. Wenn das der Fall ist, musst du zurück zum ersten Level und noch einmal von vorne anfangen. Dann hast du nämlich keinerlei Kontrolle über deine Aufmerksamkeit.

Es ist nicht einfach, sich der Aufmerksamkeit seines Umfelds zu entziehen. Denn **am Ende sind wir alle kleine Jungs und kleine Mädchen die nicht mehr wollen, als dass unsere Eltern stolz auf uns sind.** Warum? Weil das in unseren ersten Lebensjahren unsere Überlebensstrategie war, die wir tief verinnerlicht haben. Wir hatten keine Chance uns selbst zu versorgen. Als wir auf die Aufmerksamkeit unserer Eltern nicht mehr angewiesen waren, haben wir versucht, sie woanders zu bekommen: Bei unserem Partner, dem Professor oder dem Arbeitgeber. Solange wir leben wird es immer Menschen geben, um deren Aufmerksamkeit wir buhlen. Das machen wir, indem wir uns auf sie fokussieren. Wenn wir nicht gerade auf Facebook unterwegs sind und unsere Aufmerksamkeit nach dem Gießkannenprinzip an Hinz und Kunz verteilen.

Der erste Schritt, um diesem Problem Herr zu werden ist, dass wir uns dessen bewusst werden und feine Antennen dafür entwickeln, wann wir die Kontrolle über unsere Aufmerksamkeit verlieren. **Der einzige Weg, uns vollkommen aus diesem Aufmerksamkeitsspiel zu verabschieden, ist der Bewusstseinszustand, den man bei der Meditation erlangt.** Stell dir einen Zen-Buddhisten vor, der auf einem

Stein sitzt und nichts weiter tut, als ein- und auszuatmen. Das meine ich völlig ernst. Meditation ist der erste Schritt auf dem richtigen Weg. Erst wenn wir in uns selbst ruhen und aufgeben, die Aufmerksamkeit von einer bestimmten Person zu bekommen, haben wir die Kontrolle über unsere Aufmerksamkeit gewonnen. Es ist kein Zufall, dass so viele Menschen im Moment von Meditation reden. Bei diesem Überangebot an Informationen und diesem Kampf um Aufmerksamkeit gibt es keinen anderen Ausweg, als Ruhe in sich selbst zu finden und den Bedarf nach fremder Aufmerksamkeit vollkommen zu verlieren. **Wenn man bei sich selbst ist, dann braucht man die Aufmerksamkeit von außen nicht mehr. Und das macht frei.**

Lass andere gewinnen

Diese innere Ruhe und Freiheit kann man nur erlangen, wenn man deren größten Feind eliminiert: Den Neid. **Neid stiftet innere Unruhe und macht uns unfrei.** Jemand anders hat mehr als man selbst, hatte es leichter, hatte bessere Startbedingungen, hat unerklärliches Glück, hat das größere Haus, das schnellere Auto und den besser bezahlten Job? Beschäftige dich gar nicht erst damit! Nutze deine Energie lieber für Dinge, die dich selbst glücklich machen.

Das war für mich selbst ein harter Lernprozess. Es gab vor allem zwei Ereignisse in meinem Leben, bei denen ich gemerkt habe, was für ein intensives Gefühl Neid sein kann. Das eine war noch während des Studiums. Natürlich ist es bei einem Film immer so, dass Regisseur und Hautpdarsteller diejenigen sind, die den gesamten Ruhm abstauben. Für alle anderen, die man braucht, um einen Film zu machen, interessiert sich kein Mensch. Im Vor- oder Abspann werden dann noch die weiteren Schauspieler genannt. Alle Namen, die danach über die Leinwand flackern, liest sowieso keiner mehr. Zum Schauspieler hatte ich nie das nötige Talent. Also wollte ich wenigstens der Regisseur sein. Das wollte ein anderer in unserem Projekt allerdings auch. Und schon hatten wir ihn, den Konflikt. Bis ich begriffen habe, dass es mir gar nichts bringt, der Regisseur dieses Films zu sein. Mit Schauspielern zu arbeiten hat mir noch nie Spaß gemacht. Im Gegenteil: Es nervt mich! Woran ich aber richtig viel Spaß hatte war, an Hintergründen zu arbeiten, die perfekt funktionieren. In dem Moment ist meine Entscheidung gefallen, dem anderen den Vortritt zu lassen. Es hätte mich einfach nicht weitergebracht. Für mich war es viel besser, bei einem erfolgreichen Film der Typ zu sein, der sich um die ganzen Effekte gekümmert hat. Auch für meine Karriere. Denn so wurde ich ziemlich schnell sehr, sehr gut, in dem was ich gemacht habe. Und ich hatte wenig ernstzunehmende Konkurrenz, weil die meisten anderen eben doch lieber Regisseure werden wollten.

Das andere war nach meinem Studium. Ich wollte immer erfolgreicher Unternehmer sein. Bis ich irgendwann mal aufgeschnappt habe: Man kann auch sehr erfolgreich die Nummer zwei sein. Oder die Nummer zehn. Selbst die Nummer zehn bei Facebook hat alleine durch die Aktienoptionen hunderte Millionen bekommen. Und ich glaube, es gibt relativ wenige Menschen, die als Nummer eins so viel Geld verdient haben, wie die Nummer zehn bei Facebook. Diese Erkenntnis hat mich wirklich sehr entspannt. Mehr noch. Ich glaube, ich bin eine deutlich bessere Nummer zwei als eine Nummer eins. Denn dadurch stehe ich nicht dauernd in der Öffentlichkeit und kann mich auf mein eigentliches Handwerk konzentrieren. Im Hintergrund dafür zu sorgen, dass alles läuft, liegt mir einfach viel mehr als im Vordergrund zu stehen.

Aber obwohl ich mir bewusst bin, wie schlecht Neid für mich ist, komme ich immer wieder an den Punkt, an dem ich mich frage, wieso irgendeine Witzfigur viel mehr Erfolg oder Follower oder Likes oder Reichweite hat und warum alle über diesen Unsinn berichten. Dabei weiß ich ganz genau, dass es für meine innere Ruhe sehr viel besser wäre, wenn mir das einfach egal wäre. Die Aufmerksamkeit, die ich zum Fenster rauswerfe, während ich mich über den Erfolg des anderen ärgere, sollte ich lieber in Dinge investieren, die mir wirklich wichtig sind.

Du siehst: Mir fällt es auch nicht leicht, mich einfach auf einen Stein zu setzen, ein- und auszuatmen und mir alles andere egal sein zu lassen. Selbst wenn es manchmal nicht klappt: Schon beim Versuch gewinnt man Klarheit und Ruhe. Vergleich dich nicht mit anderen. Neide ihnen nichts. Je öfter dir das gelingt, desto mehr merkst du, wie gut dir diese positive Gleichgültigkeit tut und wie viel Energie das freisetzt.

Wie du durch Aufgeben gewinnst

Ich hoffe, du hast den Wettkampf um die Aufmerksamkeit aufgegeben und damit das Spiel gewonnen. Zum Schluss will ich dir noch ein bisschen was zu dem Spiel sagen. Denn **es gibt im Grunde genommen zwei Spiele. Das eine Spiel ist endlich. Es gibt ganz klare Regeln. Man kann dieses Spiel gewinnen und verlieren. Und wenn es einer gewonnen hat, dann haben alle anderen leider verloren.** So ein Spiel ist zum Beispiel Fußball. Zwei Mannschaften spielen gegeneinander und nach 90 Minuten ist entschieden, welche Mannschaft gewonnen hat. Manchmal gibt es Verlängerung, manchmal gibt es Elfmeterschießen, aber was unmöglich ist, ist dass es bei diesem Spiel am Ende keinen Gewinner gibt. Viele von uns spielen genau diese Art von Spiel gegen sich selbst. Sie legen irgendein Ziel fest. Zum Beispiel: Ich möchte eine Million Euro haben. Und dann versuchen sie, genau dieses Ziel zu erreichen. Und wenn sie das Ziel erreicht haben, dann freuen sie sich für einen kurzen Moment. Und dann geht es wieder los. Das nächste Spiel. Zwei Millionen Euro. Drei Millionen Euro. Zehn Millionen Euro. 100 Millionen Euro. **Denn bei diesem Spiel findet man immer noch einen, der bereits**

mehr hat und der bisher vorne liegt. Bei diesen endlichen Spielen ist es wichtig, dass es ein Publikum gibt. Denn ohne Publikum funktioniert es nicht. Wer soll denn beurteilen können, ob du bei einem Fußballspiel gewonnen hast, wenn niemand zugesehen hat? Das Publikum kann sehr klein sein. Es kann sein, dass nur dein Gegner dein Publikum ist. Das reicht auch schon vollkommen um festzustellen, dass deine Mannschaft gewonnen und die andere verloren hat. Jeder von uns kennt diese Spiele. Wir werden mit ihnen aufgezogen.

Aber es gibt noch die andere Art von Spielen. **Es gibt unendliche Spiele. In einem unendlichen Spiel kann man nicht gewinnen. Man kann nur verlieren und man verliert, indem man aus dem Spiel ausscheidet.** Meist durch den eigenen Tod. **Das Ziel eines unendlichen Spiels ist es, das Spiel am Laufen zu halten.** Eine gute Beziehung oder Freundschaft ist zum Beispiel ein solches Spiel. Wer versucht in einer Beziehung der Gewinner zu sein, wird am Ende verlieren. Es geht nicht darum, zu gewinnen. Es geht darum, dass das Spiel weitergeht. Und das erreicht man, indem man es seinen Mitspielern möglichst angenehm macht, wenn man selbst und alle anderen Spaß daran und Lust darauf haben. Bei der ersten Variante von Spielen hat vor allen einer Spaß und das erst, wenn das Spiel beendet ist, wenn er gewonnen hat. Bei der zweiten Variante haben alle Mitspieler Spaß – und zwar während des gesamten Spiels. Bei einem endlichen Spiel mit einem klaren Ziel, füllt man seine Lebensaufmerksamkeit, also seine Lebenszeit, mit Arbeit. Man versucht möglichst viel Arbeit in die vorhandene Aufmerksamkeit reinzupressen. Wer aber ein unendliches Spiel spielt, der füllt seine Arbeit mit Aufmerksamkeit. Der hofft nicht, dass sich irgendwann die Arbeit auszahlt. Sondern für den zahlt sich die Arbeit aus. Schon alleine beim Tun. Und der kann es nicht abwarten, immer mehr Aufmerksamkeit in diese Arbeit reinzustecken.

Von daher wünsche ich dir, dass du den Wettbewerb um die Aufmerksamkeit aufgibst und als Belohnung dein unendliches Spiel gewinnst. Und zwar nicht im Sinne von siegen, sondern im Sinne von bekommen. Ich wünsche dir, dass du mit deinem unendlichen Spiel beginnst.

Danksagungen

Bedanken möchte ich mich bei allen, die mich auf die ein oder andere Weise auf meinem Weg zum Aufmerksamkeitshacker unterstützt und begleitet haben:

Markus Coenen, Miriam Spies, Norbert Häsel, Melih Bilgil, Lisa Engelbach, Sebastian Freigang, Justin Peach, Tassilo Sack, Anne Alterauge, Steffen Hacker, Rüdiger Knoblach, Tahar Jaber, Pascal Kulcsar , Philip Hansen, Andreas Fitza, Florian Kuster, Ago Rurek, David Gutsche, Harald Pulch, Sonja Hahn, Tolga Önal, Jannis Schakarian, Darren Cooper, Hannes Grebin, Caro Peters, Dominik Hofmann, Paul Herwarth von Bittenfeld, Andreas Heydecke, Tobias C. Huch, Markus Schranner, Daniel Bartel, Andreas Dittes, Peter Hart, Frank Hardy Trenschok, Christian Voigt, Nicolai Knoll, Thomas Lempa, Malte Blumberg, Paul Boerger, Udo Vonderlinden, Steffen Kessler, Hendrik Unger, Martin Seibert, Sarah Kübler, Alexander Kuchta, Ehrenfried Conta Gromberg, Kian T. Gould, Christian Holzschuh, Uta Vetter, Georg Mekras, Francisco Otto, Tomas Herzberger, Christian Häfner, Vadim Mousa, Frank Heim, Björn Ühs, Matthias Groo, Kerstin Friedrich, Maik Pfingsten, Magdalena Hermann, Gordon Schönwälder, Felix Hummels, Patrick Breitenbach, Walter Hommelsheim, María Paula Fernández, Hans-Jürgen Schwarzer, Bastian Glasser, Thomas Dahlmann, Gunnar Jung, Heiko Hees, Alex Surminski, Marco Lücke, Stefan Loibl, Jan Doering, Nicole Bliedung

Anleitungen für die Pro-Edition
(Literaturverzeichnis)

Ökonomie Der Aufmerksamkeit: Ein Entwurf
Franck, Georg

Propaganda
Bernays, Edward L.

Wie man Freunde gewinnt: Die Kunst, beliebt und einflussreich zu werden
Dale Carnegie

Die Psychologie des Überzeugens: Wie Sie sich selbst und Ihren Mitmenschen auf die Schliche kommen
Cialdini, Robert B.

The Filter Bubble: What The Internet Is Hiding From You
Pariser, Eli

Das egoistische Gen
Dawkins, Richard

Mentaler Kapitalismus
Franck, Georg

Virus of the Mind: The New Science of the Meme
Brodie, Richard

Finite and Infinite Games
Carse, James P.

Spent: Sex, Evolution, and Consumer Behavior
Miller, Geoffrey

Throwing Rocks at the Google Bus: How Growth Became the Enemy of Prosperity
Rushkoff, Douglas

DotCom Secrets: The Underground Playbook for Growing Your Company Online
Brunson, Russell

QualityLand
Kling, Marc-Uwe

Konzentriert arbeiten: Regeln für eine Welt voller Ablenkungen
Newport, Cal

Mehr Geld für mehr Leben
Robin, Vicki

How I Found Freedom in an Unfree World: A Handbook for Personal Liberty
Browne, Harry

Hooked: Wie Sie Produkte erschaffen, die süchtig machen
Eyal, Nir

Digitaler Minimalismus: Besser leben mit weniger Technologie
Newport, Cal

Bullshit Jobs: Vom wahren Sinn der Arbeit
Graeber, David

Die Kunst, sich nicht ablenken zu lassen: Indistractable - Werden Sie unablenkbar
Eyal, Nir

Tiny Habits: The Small Changes that Change Everything
Fogg, BJ

Zeitfracht Medien GmbH
Ferdinand-Jühlke-Straße 7
99095 Erfurt, Deutschland
produktsicherheit@kolibri360.de